ABEL FIOROT LOUREIRO



# MANAGEMENT

## ADMINISTRAÇÃO DE PEQUENAS EMPRESAS NOS ESTADOS UNIDOS

*O guia prático para brasileiros que querem construir negócios lucrativos*

UNDERLINE PUBLISHING

ISBN 978-1-962185-60-8


Cover Designer: Allan Ferreira
Published by Underline Publishing LLC
www.underlinepublishing.com
USA

ABEL FIOROT LOUREIRO

# MANAGEMENT

## ADMINISTRAÇÃO DE PEQUENAS EMPRESAS NOS ESTADOS UNIDOS

*O guia prático para brasileiros que querem construir negócios lucrativos*

# DEDICATÓRIA

Aos imigrantes que decidiram empreender nos Estados Unidos...

Dedico este livro a todos que cruzaram fronteiras com coragem no peito e sonhos na bagagem.

Aos que enfrentam o desconhecido todos os dias, não apenas para sobreviver, mas para construir, liderar e prosperar. O ato de empreender longe de casa exige força, fé e uma determinação que poucos conhecem.

Esta obra é uma homenagem ao seu esforço, à sua resiliência e à sua contribuição incalculável para este país maravilhoso.

Vocês são a prova viva de que a esperança, quando aliada à ação, transforma realidades.

**Este livro é por vocês. E para vocês.**

# ÍNDICE

# 1

# EMPREENDER NO MERCADO AMERICANO

Se esse livro caiu nas suas mãos é porque você já contemplou ou está contemplando a possibilidade de empreender nos Estados Unidos. Você provavelmente é um empreendedor que já se aventurou no nosso país, e percebeu que, apesar do seu esforço, este talvez não foi o terreno mais amigável para o empresário. Talvez esteja sentindo que, no Brasil, o suor do empresário compensa um pouco menos. Eu sei que, por outro lado, pelo menos num primeiro momento, a possibilidade de empreender em outro país tende a parecer assustadora. Não apenas um outro país - mas um dos mais desenvolvidos do planeta - não só outra cultura, mas notório pela sua veia empreendedora e competitividade, com uma língua que não é a nossa, cujo aprendizado se impõe como um obstáculo considerável para muita gente. Então nós, começando em um país de terceiro mundo como o Brasil, teríamos chance nesse mercado?

A resposta curta é sim. Se você é um empreendedor sério, não só garanto que é possível, como também diria que é recomendável. Empreender e ter sucesso nos Estados Unidos é viável; eu fiz isso, e outras centenas de milhares de brasileiros também já seguiram esse caminho, com graus diferentes de sucesso. O fato, repito, é que empreender nos Estados Unidos é possível. Eu vivo neste país e tenho um negócio de sucesso aqui. No meu trabalho, lido com uma gama enorme de imigrantes que estão empreendendo ou pensam em empreender neste país, e conheço as reservas das pessoas em relação a esse salto.

Primeiro, algo que deixa muitas pessoas relutantes é a competitividade. Os Estados Unidos estão sempre na fronteira tecnológica, sempre à frente nas práticas mais sofisticadas de qualquer mercado, então é natural que isso assuste alguém que cresceu no Brasil, um país subdesenvolvido. Parece um tanque de tubarões, não é verdade? É compreensível imaginar que um peixe que caia nessa água acabe se dando mal. Mas a verdade é que, embora haja sim uma competitividade enorme, também temos uma economia desproporcionalmente maior. A economia americana, a depender do câmbio, chega a ser 14 vezes maior que a brasileira.

Estamos lidando com um espaço competitivo, com uma economia exigente – e voltaremos a isso – mas, com uma economia desse tamanho, há mais oportunidades para todos. *There is more to go around.*

Os Estados Unidos são a maior potência econômica e militar do planeta, e muitos brasileiros têm feito bonito aqui. A comunidade brasileira no país já passa de 2 milhões de pessoas. Boa parte desses brasileiros possui algum tipo de empresa em solo americano.

Aliás, esse é um fato que talvez seja surpreendente para você: abrir uma empresa nos Estados Unidos é bem fácil, e a depender da estrutura, manter essa empresa também não é difícil. A questão central que vamos abordar neste livro é justamente o ponto em que os imigrantes mais erram: como administrar uma empresa nos Estados Unidos, com suas regras e particularidades.

Ao longo da vida, seja em filmes, reportagens, documentários ou outras fontes, você provavelmente já ouviu falar do empreendedor americano que começou um negócio na garagem de casa e o transformou em uma empresa de escala global. Eu garanto: essa história é real e possível, não é somente enredo de filmes ou uma ficção distante. Se existe um país onde esse tipo de coisa realmente acontece, esse país é os Estados Unidos. Neste país, se você tem uma boa oferta de produto, ou serviço, e faz as coisas corretamente, você irá prosperar e pronto.

É claro, não podemos confundir as coisas. Esse sucesso está disponível para quem se prepara e tem a humildade necessária para enfrentar essa jornada de aprendizado. Seja por meio de livros, mentorias, eventos ou dos relacionamentos que você constrói, é preciso adquirir uma nova gama de conhecimentos e entender que o jogo nos Estados Unidos é outro.

É uma jornada necessária, mas que não deve ser um verdadeiro obstáculo para quem já é empreendedor e venceu no Brasil. Eu digo sem hesitar: se você já enfrentou os desafios de empreender em um país como o Brasil, onde tudo parece jogar contra o empreendedor, as chances de dar certo nos Estados Unidos são muito grandes.

Falo isso com conhecimento de causa: fui empreendedor no Brasil por muitos anos. Tive minha própria empresa, atendi muitas outras e fui consultor do SEBRAE. É uma realidade que conheço muito bem. O ambiente de negócios no Brasil é hostil ao empreendedor; o empresário brasileiro é como um agricultor tentando plantar em terreno árido – e, de alguma forma, faz isso funcionar.

Nos Estados Unidos, a experiência é totalmente diferente. Você abre uma empresa rapidamente e sem dificuldades, a mantém com facilidade e, se quiser, pode fechá-la sem complicações. Em pequenos negócios, a intervenção do estado é quase inexistente. Aqui nos EUA, as regras do jogo são claras, você sabe sempre o que pode e o que não pode fazer, o que é ou não o seu direito. Uma jurisprudência no Brasil, por exemplo, pode mudar o passado, reinterpretar algo que já ocorreu, o que é impossível na América.

# 2

# PLANEJAMENTO E ESTRUTURAÇÃO DO NEGÓCIO

Muito bem, vamos partir para o cenário prático, como o que você poderá vir a enfrentar em breve, se você está decidido a empreender nos Estados Unidos. Primeiro, você merece ser parabenizado, essa foi uma das melhores decisões que tomei na vida, e não tem por quê ser diferente no seu caso. A primeira coisa que talvez lhe preocupe - com razão - é qual tipo de negócio você começaria nesse país. Será que você precisa de uma ideia original? Afinal, estamos falando, como eu já disse, de uma das maiores economias do planeta. Um dos países mais avançados do mundo. É fácil concluir, por conta disso, que um negócio de sucesso nos Estados Unidos é aquele que inova, que opera na fronteira tecnológica. Eu vou partir um tanto na contramão disso e sugerir o seguinte: o negócio com a maior chance de sucesso não é o mais inovador, é simplesmente o melhor, independente do nicho.

Nada impede que você comece uma *start-up* de tecnologia nos Estados Unidos, e muitos *founders* de sucesso são imigrantes, mas isso não deve ser feito sob a crença de que essas são as únicas empresas que dão certo por aqui. Todos gostamos das histórias de sucesso das empresas tecnológicas iniciadas em uma garagem, mas a realidade é que isso é possível em todos os mercados. Um bom exemplo disso é a **Maidthis**, uma empresa de *cleaning services* - sim, isso mesmo, uma empresa de limpeza doméstica - que iniciou em 2013 e continua crescendo desde então.

Esses são alguns exemplos de negócios que, tão bem ou melhor do que qualquer empresa de software, têm obtido sucesso nos Estados Unidos:

•Serviços de detalhamento automotivo (*Auto Detailing Services)*

•Serviços de reparos e reformas residenciais (*Home Remodeling)*

•Empresas de lavagem a pressão (*Pressure Washing Companies)*

•Serviços de paisagismo (*Landscaping Services*)

•Empresas de mudança (*Moving Companies)*

•Negócios de lava-jato (*Car Wash Businesses*)

•Serviços de controle de pragas (*Pest Control Services*)

•Serviços de manutenção doméstica (*Home Maintenance Services)*

•Serviços de limpeza de cenas de trauma (*Trauma Scene Cleaning Services)*

As pessoas sempre vão precisar desses serviços e de muitos outros, de negócios que não são necessariamente glamourosos, mas podem obter muito sucesso financeiro no mercado americano.

Agora, vamos mergulhar em uma avaliação mais técnica de como você pode decidir que tipo de empreendimento fará nos Estados Unidos.

**a.Que necessidade eu vou atender?**

Todo negócio começa com uma necessidade, uma "dor" do seu cliente. Em grande medida, as necessidades dos americanos são as mesmas dos brasileiros. Ele quer a casa limpa, a comida bem feita, entregue rapidamente, ele quer o ar-condicionado funcionando, a grama aparada, a piscina cristalina. Qualquer uma dessas necessidades, quando não atendida devidamente, se torna uma dor de cabeça.

Talvez você possa atender uma necessidade mais complexa, com serviços de contabilidade, como eu, consultoria em marketing, TI, coaching, qualquer coisa onde exista um problema onde você possa auxiliar as pessoas.

Qualquer que seja a solução, você poderá oferecer ao público e mesmo que comece com recursos modestos, nada impede que você contrate pessoas e expanda a sua operação. Novamente, essa é a história de muitos imigrantes.

### b.Quem eu sou?

A resposta para essa pergunta é a chave. Não existe nada que lhe obrigue a empreender em um ramo onde você tem experiência prévia, mas a realidade é que essa é provavelmente a coisa mais sábia que você poderia fazer.

-Onde você já trabalhou, em que áreas teve mais sucesso?
-Que negócios você já teve?

Seja como empreendedor, como um simples funcionário ou alguém numa função executiva, qualquer que seja o mercado, essa atividade também existirá nos Estados Unidos e você poderá aplicar a sua experiência.

### c.Pesquisando tendências nos Estados Unidos

A internet é uma ferramenta muito poderosa quando estamos buscando por essas oportunidades. Se você ainda não tem clareza sobre o mercado em que pretende atuar, uma boa pesquisa pode oferecer insights valiosos. Talvez você já tenha ouvido falar ou até usado em outro contexto, mas existe uma ferramenta chamada Google Trends, que permite que você investigue como os termos buscados evoluíram ao longo do tempo. Vamos imaginar, por exemplo, que você cogita abrir um negócio no segmento de refrigeração ou de forma mais abrangente o *Heating, ventilation and Air conditioning;* você poderia pesquisar no Google Trends por termos como "*Air conditioning installation*" ou "*Air conditioning repair*" e averiguar como as pesquisas têm se comportado. Se houve crescimento no volume de forma estável ao longo dos anos, ou pelo menos nos últimos anos, isso significa que você pode estar diante de uma oportunidade excelente.

Além disso, relatórios de pesquisa de mercado publicados por empresas como IBISWorld e Statista, podem oferecer uma visão mais profunda sobre as indústrias emergentes e os segmentos de consumidores que estão em ascensão. Através desses relatórios você pode ver para onde o dinheiro está fluindo na economia – e lembre-se do que eu falei: concorrência é um sinal positivo, significa que o mercado está faminto, que aquele setor certamente é uma boa oportunidade.

Outro fator importante é o contato humano direto, se você já está nos Estados Unidos, o que talvez seja o seu caso, pois vale muito a pena participar de feiras e eventos de negócios, sendo uma ótima maneira de ficar por dentro das tendências. Além disso, observe a concorrência: qual o tipo de serviço ou produto que eles estão oferecendo e como estão se posicionando no mercado?

E não podemos subestimar de modo algum a importância do feedback direto. Converse com as pessoas que você conhece no país, ou até mesmo com estranhos, pessoas com quem você interage no dia a dia. Pergunte para as pessoas sobre o serviço ou produto que você cogita oferecer, qual a experiência delas com eles em compras e contratações passadas, o que elas gostaram, o que não gostaram. Esse tipo de contato não só não pode ser subestimado como, em muitos casos, termina sendo o mais útil para tomar a decisão que você quer tomar.

**d.Quem são meus concorrentes?**

Uma vez que você esteja mais próximo de se decidir sobre um mercado e tipo de negócio, o próximo passo é entender quem são os seus concorrentes nesse mercado, e mais especificamente na região em que você pretende atuar. Eu vou dividir essa etapa em 5 pontos para facilitar o processo.

- **Pesquise a Presença Online da Concorrência**: Busque os sites e as redes sociais dessas empresas, entenda qual o apelo delas (ou a falta de apelo, como veremos adiante), observe como essas empresas lidam com a audiência, se cadastre nos sites e newsletters para observar quão rápido eles agem quando você entra no funil de vendas deles, qualquer informação dessa natureza é útil.

- **Leia avaliações e testemunhos**: Tome notas sobre o que as avaliações que as pessoas escrevem ou comentam sobre esses negócios, quais as impressões, o que elas aprovaram ou desaprovaram, e junte o máximo possível de informações dessa natureza de forma organizada.

- **Ofertas e valores:** Toda oferta tem uma estrutura, que envolve os entregáveis, a proposta de valor e as condições de pagamento. Observe – e registre – como seus concorrentes lidam com cada uma dessas partes.

- **Publicidade e promoções:** Que tipo de campanhas e condições especiais esses negócios estão oferecendo? As promoções são focadas numa variação de preço ou da oferta? Talvez as duas coisas? Registre essas informações e, sempre que possível, fique de olho no engajamento que essas campanhas geram (ou não).

- **Outra vez, contato humano:** Essa é uma fonte insuperável de informação, tente participar de eventos do seu setor de escolha. Vá ao máximo de palestras, congressos, em suma, qualquer ocasião em que empreendedores e profissionais desse mercado estejam presentes. Não encare essas pessoas como seus oponentes, mas como aliados. Nos Estados Unidos tem espaço para todos, e grande parte dos empreendedores está mais do que disposta a ajudar novos players do mercado.

Uma vez que você tenha reunido essas informações, os próximos passos se tornam bem mais fáceis. Você deve ter, após esse processo, todos os pontos fracos dos seus concorrentes bem listados, e isso não significa que eles não sejam competentes, é que é impossível que qualquer empresa atenda com perfeição todas as nuances de uma certa demanda. É justamente por isso que sempre há espaço para um novo empreendedor, para alguém que esteja disposto a preencher as lacunas, ocupar os espaços que estão vazios. É aí que você entra.

## Escrevendo um Plano de Negócios e Definindo Estratégias de Crescimento

Partindo desse ponto, eu vou assumir que você já decidiu que tipo de negócio deseja abrir, você já levantou todas as informações importantes sobre o seu mercado, já estudou a fundo os seus concorrentes – e idealmente já conversou com, pelo menos, alguns deles. Nesse caso, é hora de avançar e definir o seu modelo de negócios.

Diferentes especialistas vão definir o modelo de negócios de formas diferentes. Peter Drucker, por exemplo, escreveu que o modelo de negócios é "*Um conjunto de premissas sobre o que um negócio fará e não fará.*" Eu gosto dessa definição justamente por quão simples ela é, mas para os propósitos desse livro, iremos um pouco mais a fundo. Eu diria que um modelo de negócios é a articulação entre as suas ambições e aptidões e as necessidades e circunstâncias do seu público alvo. O que eu quero dizer é que o modelo de negócios é a conexão entre o que você deseja, o que sabe fazer (suas ambições e habilidades) e o que seu público precisa e pode consumir (suas necessidades e contexto). É o equilíbrio entre oferecer algo que você faz bem e que tenha valor para seus clientes.

Agora, baseado na sua pesquisa, você vai listar os seguintes elementos:

**Proposta de Valor:** O escopo exato daquilo que você acredita que pode oferecer para o seu cliente. a saber

- onde a sua entrega começa e onde ela termina,
- o que está incluído,
- quão bem você pretende executar essa entrega, com o máximo de detalhes,
- e quanto tempo levará para que o trabalho esteja concluído.

Você deve incluir aqui se essa oferta vale a pena pelo preço cobrado.

**Público-Alvo:** Quem são, exatamente, os clientes que você pretende atender, qual a idade, a classe social, as profissões mais comuns e as características gerais dessas pessoas.

**Canais de Venda e Distribuição:** Novamente, seguindo a

sua pesquisa, determine quais são as melhores formas de atrair e atender os seus clientes, lembrando-se que, a princípio, você não precisa empregar múltiplas estratégias, apenas aquela que parece mais viável e eficiente para os primeiros momentos do seu negócio.

**Custos Principais:** Quanto vai custar para entregar o seu serviço ou produto? Enumere tanto os custos iniciais quanto os recorrentes, aqueles que você vai ter de forma fixa e variável. Vamos conversar mais sobre a parte financeira do seu negócio nos próximos capítulos.

**Recursos Necessários:** O que você precisa para começar operar, a nível de local, equipamentos, funcionários? É possível que você inicie seu negócio sozinho ou será necessário que contrate colaboradores desde o primeiro momento. Tudo isso precisa estar claro, pois são nuances que variam radicalmente de um mercado para o outro. Por exemplo, se você pretende ser um consultor, não vai precisar muito mais do que um telefone e um *notebook* com acesso à internet. Se você pretende abrir um restaurante, a realidade é completamente diferente.

Eu sei que pode parecer muita coisa, mas não vou ser o primeiro, nem o último a dizer que a vida do empreendedor é exatamente essa. Também tenho confiança de que alguém que esteja pensando em investir em outro país, deve estar plenamente ciente de que esse processo envolverá muitas complexidades. No final das contas, se você trabalhar de forma diligente, e aplicar minhas recomendações, eu tenho certeza de que a sorte estará ao seu favor.

Agora que seu negócio está desenhado, estamos prontos para partir para os elementos jurídicos e burocráticos dessa jornada.

# 3.

# ESTRUTURAÇÃO JURÍDICA E ABERTURA DA EMPRESA NOS EUA

Este livro foi escrito para servir como um guia completo, como consequência disso, precisamos abordar aqui também as partes menos agradáveis de se abrir um negócio.

Quem decide abrir uma empresa está empolgado com o mercado, o produto, o desafio de encontrar e atender o público e, porque não, com a prosperidade que esse empreendimento pode gerar.

Eu não tenho notícias de alguém que se empolgue com a natureza burocrática e jurídica da vida como empreendedor.

Essa é, no entanto, uma parte essencial e por isso vamos encará-la parcialmente nesse capítulo da forma mais clara e concisa possível.

## Definição de pequena empresa (Small Business) nos EUA

Segundo a Section 448(c) do Internal Revenue Code (IRC), uma pequena empresa, para fins de aplicação de determinados métodos contábeis e regimes tributários, é aquela cuja receita bruta média anual não excede $25 milhões ($31 milhões para o ano de 2025, ajustado pela inflação) durante os três anos fiscais anteriores. Essa média é calculada com base nas receitas totais da empresa e de entidades relacionadas, conforme as regras de agregação previstas no código.

Isso mesmo, faturamento de até $31 milhões enquadra-se como um pequeno negócio nos EUA. Isto é importante para que você entenda a pujança e o tamanho da economia americana.

Pequenas empresas nos EUA podem optar por usar o método de contabilidade de caixa (cash basis), em vez do regime de competência (accrual basis). Isso se aplica mesmo que a empresa tenha controle de estoques.

## Uma explicação sobre os aspectos legais e estruturais para abertura de empresas nos EUA

Todo negócio nos Estados Unidos deve escolher uma estrutura jurídica e fiscal (Business Structure*)* conforme as diretrizes da IRS. O IRS, ou Internal Revenue Service, equivale à Receita Federal dos Estados Unidos. Se você quer operar no país, e eu espero que esse seja o seu plano, é fundamental entender as regras e dinâmicas dessa instituição.

Examinaremos, em seguida, os tipos de Estruturas de Negócios que existem na América.

## Sole Proprietorship - empresa individual

A **empresa individual** é uma estrutura de negócios sem personalidade jurídica, com um único proprietário. Nessa forma, não há distinção legal entre o negócio e o proprietário; você assume total responsabilidade pelas dívidas e perdas, mas também recebe todos os lucros. Esse modelo é o mais simples de ser estabelecido e o mais simples de ser dissolvido também. É como a maioria das pessoas começa uma empresa no país e, apesar de não conhecer o seu caso, acho muito provável que também venha a ser como você vai começar.

Muitos negócios se iniciam como empresas individuais e, com o tempo, podem optar por se transformar em uma entidade de responsabilidade limitada (LLC) ou em uma corporação.

## Estabelecendo uma Empresa Individual

Iniciar uma empresa individual é um processo simples. As dívidas da empresa são do proprietário, e os lucros são diretamente atribuídos a ele. Para começar, é necessário:

**Licenças e Permissões:** Alguns estados e condados exigem que o proprietário solicite licenças comerciais ou de ocupação.

**Nome Comercial:** Pode ser necessário registrar um nome de fantasia, denominado de "Doing Business As" (DBA), se o nome da empresa for diferente do nome do proprietário.

**Número de Identificação do Empregador (EIN)**: O proprietário pode obter um EIN para funcionários ou para a declaração de impostos. Em alguns casos, pode usar seu Número de Seguro Social (SSN), sendo sempre aconselhável consultar um profissional para avaliar o caso.

**Licença de Imposto sobre Vendas:** Para vender produtos tributáveis, é necessário registrar-se para uma licença de imposto sobre vendas (Sales Taxes), dependendo do estado.

A principal vantagem de uma empresa individual é a simplicidade. A documentação necessária é mínima e o processo tributário é direto, pois o proprietário pode usar seu SSN para pagar os impostos devidos. A receita gerada é tributada apenas uma vez, diretamente na declaração de impostos individuais (Form 1040) do proprietário do negócio.

## O Contexto do Setor

Em 2023, os Estados Unidos registraram 33,3 milhões de pequenas empresas, que empregaram 61,6 milhões de pessoas. Esse cenário reflete o papel fundamental das empresas individuais na economia, sendo o ponto de partida para muitos empreendedores.

## Partnerships - Estrutura de Parceria

Uma partnership é uma estrutura de negócios composta por duas ou mais pessoas que distribuem entre si a renda ou perdas do negócio.

É importante ressaltar que é possível formar uma parceria de "*boca*", sem nenhum contrato formal e sem ao menos registro no Estado, numa modalidade de negócios entre duas ou mais pessoas. Porém, não é recomendável que se faça isso. Sempre formalize contratos por escrito, com cláusulas bem definidas e que resguarde os seus direitos dentro dessa parceria. O registro de uma LLC e a confecção de um Operating Agreement (um contrato operacional da Parceria), equivalente a um Contrato Social da Sociedade, também é extremamente recomendável. Dependendo do caso, aconselho a contratação de um advogado empresarial para a confecção do contrato (Operating Agreement) e suas respectivas cláusulas, principalmente se os sócios não tiverem laços familiares ou conjugais.

Existem três tipos principais de *partnerships:*

1. **General Partnership (GP)** – Todos os parceiros são igualmente responsáveis pela gestão do negócio e cada um possui responsabilidade ilimitada pelas dívidas e obrigações que o negócio possa incorrer.
2. **Limited Partnership (LP)** – Composta por parceiros gerais e limitados, cuja responsabilidade é limitada ao valor que contribuíram para a parceria. Os parceiros limitados são geralmente investidores

passivos e não desempenham papel na gestão cotidiana do negócio.

3. **Limited Liability Partnership(LLP)**- Uma sociedade limitada (LLP - Limited Liability Partnership) opera de forma semelhante a uma sociedade geral, com todos os sócios participando ativamente da gestão do negócio, mas limita a responsabilidade deles pelas ações uns dos outros. Os sócios ainda assumem total responsabilidade pelas dívidas e obrigações legais da empresa, mas não são responsáveis pelos erros e omissões de seus colegas sócios. As *LLPs* não são permitidas em todos os Estados e, frequentemente, são restritas a certas profissões, como médicos, advogados e contadores públicos certificados.

## **Elementos Principais de uma** Partnership

Se você está considerando a criação de uma estrutura de partnership, leve em consideração os seguintes pontos chave:

A estrutura de parceria é uma das opções mais simples e econômicas para quem deseja abrir um negócio nos Estados Unidos. Em termos de burocracia, ela exige poucos relatórios comparados a outras formas de negócios, o que facilita bastante a administração no dia a dia. No entanto, cada parceiro precisa ter um número de identificação fiscal americano (SSN/ITIN ou EIN) separado, para garantir que tudo esteja em conformidade com as leis fiscais.

Em termos de operação, os parceiros compartilham o controle e a gestão do negócio, o que significa que as decisões são tomadas de forma colaborativa. Uma das vantagens dessa estrutura é que a partnership não paga imposto sobre a renda da empresa. Em vez disso, cada sócio-parceiro paga imposto sobre a parte do lucro que recebe, como pessoa física ou jurídica.

Apesar de ser uma estrutura simples, é necessário preencher e enviar anualmente a declaração de imposto de renda da partnership ao IRS (Internal Revenue Service), para que o negócio esteja regularizado. Cada sócio-parceiro recebe um formulário fiscal (Schedule K-1), com a sua participação dos ganhos da Partnership, apurada no Formulário Fiscal 1065. Também, cada sócio-parceiro é responsável por organizar sua própria aposentadoria, já que a parceria geralmente não oferece um fundo de aposentadoria coletivo.

Se uma parceria realizar vendas de produtos ou serviços sujeitos a tributação, ela poderá ser obrigada a se registrar para o Sales Tax nos estados onde possuir Nexus (presença física ou econômica). Em muitos estados, o registro é exigido se o negócio ultrapassar determinados limites de receita ou número de transações, geralmente a partir de $100,000 em vendas anuais ou 200 transações, dependendo da legislação local. É importante observar que nos Estados Unidos não existe imposto sobre bens e serviços (GST); a tributação sobre vendas é administrada individualmente por cada estado. Assim, a conformidade fiscal depende das regras específicas de cada jurisdição onde a parceria atua.

A estrutura de partnership oferece muitas vantagens de flexibilidade e gestão compartilhada, mas é importante compreender as responsabilidades associadas, especialmente no que diz respeito à responsabilidade ilimitada e à gestão fiscal.

# C-Corporation vs S-Corporation: Principais Diferenças

As diferenças entre uma C-Corp e uma S Corp podem influenciar a escolha de estrutura para o seu negócio. Enquanto uma C Corp pode ser mais adequada para empresas que têm planos de se tornar públicas, uma S Corp tende a ser mais vantajosa para empresas menores. Ambas têm suas vantagens e desvantagens, especialmente no que se refere à tributação.

## O que é uma Corporação?

Uma corporação é uma entidade legal separada de seus proprietários, com muitos direitos semelhantes aos de uma pessoa física, como contrair empréstimos, processar e ser processada, assinar contratos, possuir bens, contratar funcionários e pagar impostos. Uma característica importante das corporações é a limitação de responsabilidade, o que significa que os acionistas não são pessoalmente responsáveis pelas dívidas da empresa. Portanto, do ponto de vista de proteção contra *liabilities* (passivos), a Corporation é a estrutura que vai fornecer maior proteção legal para os seus sócios-acionistas.

## Corporation: Estrutura e Tributação

Uma C-Corp é uma estrutura corporativa básica, na qual a empresa paga impostos sobre seus lucros, sem transferir os lucros para os acionistas. A tributação federal é feita com uma taxa fixa de 21% sobre os lucros da empresa. As C-Corps precisam apresentar sua própria declaração de impostos, através do Formulário Fiscal 1120, e pagar dividendos aos acionistas, que, por sua vez, pagam impostos pessoais sobre esses dividendos recebidos, o que caracteriza a "dupla tributação".

## S-Corporation: Estrutura e Tributação

Uma S-Corp, por sua vez, permite que os lucros e perdas sejam repassados diretamente aos acionistas, que os reportam em suas declarações fiscais pessoais. Essa estrutura evita a dupla tributação, pois a empresa não paga imposto corporativo; os impostos são pagos pelos próprios acionistas sobre suas participações nos lucros. Importante ressaltar que não existe a possibilidade de abrir a sua empresa como uma S-Corp, você precisa fazer um pedido, chamado de *Election* junto ao IRS, preenchendo o Form 2553. Todos os acionistas devem concordar e assinar este formulário, que após analisado pelo IRS, encaminhará uma carta comprovando o Status de S-Corp da empresa (S-Corporation Acceptance Letter).

## Principais Diferenças Entre C-Corporation e S-Corporation

- **Tributação**: A principal diferença entre uma C Corp e uma S Corp é a tributação. As C Corps enfrentam a dupla tributação, pagando impostos corporativos e depois impostos sobre dividendos. As S Corps, por outro lado, evitam a tributação corporativa, já que os lucros são repassados diretamente aos acionistas, que pagam impostos pessoais sobre esses lucros.
- **Propriedade e Formação:** As C Corps não têm limitações quanto ao número de acionistas e podem ter

acionistas estrangeiros. Já as S Corps têm um limite de 100 acionistas e exigem que todos os acionistas sejam cidadãos ou residentes permanentes dos EUA. Além disso, uma S Corp deve preencher um formulário específico (Formulário 2553) para ser registrada como tal, enquanto a C Corp segue um processo de registro padrão de Incorporação no Estado onde está localizada.

•**Custos de Formação e Manutenção:** A formação de uma C-Corp e uma S-Corp nos EUA envolve custos iniciais semelhantes, como taxas estaduais de registro (normalmente entre $100 e $500, variando conforme o Estado), publicação de aviso (exigida em alguns estados) e honorários de profissionais (advogados ou contadores) para preparar os *Articles of Incorporation.* Ambas exigem a emissão de ações, criação de estatuto (*bylaws*) e reuniões organizacionais. A diferença surge após a formação: embora os custos iniciais sejam parecidos, a C-Corp tende a ter carga fiscal e compliance mais complexos a longo prazo, enquanto a S-Corp tem custos extras de monitoramento para manter a elegibilidade, porém menor impacto tributário na distribuição de lucros.

•**Ações e Participação**: As C Corps podem emitir diferentes classes de ações, oferecendo mais flexibilidade em termos de controle e participação. As S Corps só podem ter uma classe de ações, com direitos iguais de distribuição e liquidação.

A escolha entre uma C Corp e uma S Corp depende das necessidades do seu negócio. Se você deseja evitar a dupla tributação e prefere que os lucros sejam repassados diretamente aos acionistas, a S Corp pode ser mais vantajosa. No entanto, se sua empresa precisar de maior flexibilidade em termos de acionistas ou se planeja emitir várias classes de ações, uma C Corp pode ser a melhor opção. Cada estrutura tem suas particularidades, e é importante avaliar qual delas melhor se adapta aos objetivos da sua empresa.

## Limited Liability Company - LLC

Uma LLC (Limited Liability Company) é uma estrutura de negócios que oferece proteção de responsabilidade limitada e tributação simplificada. A responsabilidade limitada significa que as perdas de um negócio são limitadas ao valor investido na empresa. Como a LLC é considerada uma entidade separada dos seus donos, os proprietários (também chamados de membros) geralmente não são responsáveis pessoalmente pelas dívidas ou obrigações da empresa, a não ser que sejam solidários nas dívidas da empresa. Por exemplo, no caso de ser fiador ou prover garantias pessoais em um empréstimo em favor da LLC.

A tributação simplificada significa que os lucros ou prejuízos da LLC não são tributados a nível empresarial (considerando a classificação fiscal padrão do IRS). Em vez disso, eles são repassados para os donos, que devem declarar os valores na sua declaração de impostos pessoal e pagar os tributos devidos.

Se a LLC tiver apenas um proprietário, ela pode ser tratada como uma Disregarded Entity, ou seja, uma entidade ignorada, o que significa que não é necessário fazer uma declaração de impostos específica para a LLC, apenas para o dono do negócio. Já se houver mais de um proprietário, é preciso apresentar uma declaração informativa da LLC, além das declarações individuais de cada membro.

## Vantagens de formar uma LLC

As vantagens de criar uma LLC, ao invés de operar como um empresário individual, parceria ou corporação, geralmente superam as desvantagens. Entre os principais benefícios, estão:

- **Responsabilidade limitada:** Os membros da LLC são protegidos da responsabilidade pessoal pelas ações da empresa. Ou seja, os credores não podem cobrar dívidas da empresa usando os bens pessoais dos donos, como casa ou poupança. Isso não ocorre em uma empresa individual ou parceria, onde não há distinção legal entre a empresa e os donos.
- **Membros flexíveis:** Os membros de uma LLC podem ser indivíduos, parcerias, *trusts* ou até mesmo outras corporações, e não há limite para o número de membros. Já nas S Corporations, por exemplo, existem restrições quanto a quem pode ser acionista, e há um limite no número de acionistas.
- **Estrutura de gestão:** A LLC pode ser gerida pelos próprios membros ou por um grupo de gestores nomeados. Em uma LLC gerida pelos membros, eles supervisionam as operações diárias. Caso seja gerida por gestores, a estrutura de gestão é mais parecida com a de uma corporação, onde a responsabilidade pela administração fica com os diretores e não com os acionistas.
- **Tributação simplificada**: As LLCs, normalmente, não pagam impostos sobre a renda da empresa. Os lucros ou prejuízos são transferidos para os membros, que pagam impostos sobre isso em suas declarações fiscais pessoais. Já as corporações, se não forem tratadas como S

Corporations, pagam impostos sobre a receita da empresa e os acionistas pagam impostos sobre os dividendos que recebem, o que é conhecido como "dupla tributação".

- **Maior credibilidade**: Criar uma LLC pode ajudar uma nova empresa a estabelecer mais credibilidade do que se fosse operada como uma empresa individual ou parceria.
- **Flexibilidade fiscal:** Uma LLC permite que os proprietários escolham a classificação fiscal em 4 opções (*Single Member* LLC, *Multi-Member* LLC, S-Corp e C-Corp). Isso mesmo, em uma LLC os membros podem decidir como será tributada a empresa, de acordo com o seu planejamento fiscal.
- **Menos obrigações de conformidade:** As LLCs enfrentam menos exigências de conformidade impostas pelo estado e exigências formais do que as corporações (sejam S ou C *Corporations).*

## Considerações sobre a LLC

Embora as vantagens geralmente superem as desvantagens, algumas desvantagens da LLC podem ser:

- **Custo:** O custo de formação e manutenção de uma LLC costuma ser maior do que o de uma empresa individual ou parceria. Os estados cobram taxas iniciais de formação, além de outras taxas anuais ou impostos de franquia. É importante verificar com a Divisão ou Secretaria de Estado de onde o negócio será registrado.
- **Obrigações de conformidade:** As LLCs, assim como as corporações, têm obrigações contínuas de conformidade, como manter um agente registrado e apresentar relatórios anuais. Em nível federal, pode ser necessário manter

informações sobre os beneficiários atualizados no sistema do FinCEN (*Financial Crimes Enforcement Network).*

- **Transferência de propriedade**: A transferência de propriedade em uma LLC pode ser mais difícil do que em uma corporação. Nas corporações, as ações podem ser compradas ou vendidas livremente, mas, em uma LLC, os membros geralmente precisam concordar com a inclusão de novos membros ou com a alteração das porcentagens de propriedade entre os membros existentes, a menos que seja acordado de outra forma.

## Criando uma LLC

Criar uma LLC (Limited Liability Company) pode ser mais fácil do que formar uma corporação, mas ainda assim envolve algumas etapas administrativas e de conformidade. Embora os requisitos possam variar de estado para estado, aqui estão os passos básicos para formar uma LLC.

O primeiro passo é escolher o estado onde você quer registrar sua LLC. Você pode escolher qualquer estado, mesmo que a LLC não vá operar lá. No entanto, a maioria dos proprietários de LLC opta por formar a empresa no estado onde pretende fazer negócios, que geralmente é o estado em que mora. Se a LLC for formada em um estado onde não fará negócios, ela precisará se registrar também como uma LLC estrangeira (ou "qualificar-se como estrangeira") no estado onde operará, o que pode aumentar os custos de formação e administração. É importante lembrar que as taxas de formação, os impostos e as leis sobre LLCs podem variar bastante entre os estados, tornando alguns estados mais vantajosos para certos tipos de negócios.

O próximo passo é escolher o nome da sua empresa. O nome deve ser "distinguível nos registros", ou seja, não pode ser o mesmo que o de outra LLC ou entidade registrada no estado. Se você já estiver operando com um nome de fantasia, "*doing business as*" (DBA), é importante verificar se o nome já está registrado como DBA ou como o nome de outra LLC. Para fazer isso, você pode pesquisar a disponibilidade do nome no site do estado em que planeja formar sua LLC. Caso ainda não esteja pronto para registrar a LLC, é possível reservar o nome por um período por uma pequena taxa. Além disso, é recomendável realizar uma pesquisa de marca registrada para evitar problemas de violação de propriedade intelectual.

Depois, você precisará escolher um agente registrado. Esse agente, ou "agente para recebimento de processos", é a pessoa ou empresa responsável por receber documentos legais e fiscais importantes em nome da LLC. Isso inclui avisos legais, relatórios anuais e documentos fiscais enviados pelo estado. O agente registrado também deve estar disponível para receber documentos legais em tempo hábil, como notificações de processos judiciais. Embora o proprietário da LLC possa ser o próprio agente registrado, muitos empresários preferem contratar uma empresa especializada para evitar problemas caso o agente não esteja disponível no momento certo. Além disso, o agente registrado deve ter um endereço físico no estado e não pode usar uma caixa postal.

Outro passo importante é preparar o contrato operacional da LLC. Embora alguns estados permitam acordos verbais, é altamente recomendável que todos os proprietários de LLC tenham um contrato operacional por escrito. Esse contrato estabelece como a LLC será administrada e define as responsabilidades dos membros, a divisão de lucros, a transferência de interesses e outras questões importantes. Para LLCs com mais de um membro, é essencial ter um contrato bem redigido para evitar disputas e garantir que todos saibam suas responsabilidades e direitos dentro da empresa. É aconselhável que um advogado revise o contrato para garantir que todos os aspectos legais estejam cobertos.

Em seguida, você precisa registrar sua LLC junto ao Secretário de Estado ou departamento responsável no estado de formação. Esse registro é feito por meio do envio de documentos de formação, que podem ser chamados de Certificado de Organização ou Artigos de Organização, dependendo do estado. O processo de registro e as taxas variam de acordo com o estado. Após o envio e aprovação, o estado emitirá um certificado que serve como prova legal de que sua LLC foi formada.

Alguns estados exigem também que você publique um aviso de formação da LLC em um jornal local, e depois envie um certificado de publicação para o estado.

Após isso, você precisará obter um número de identificação do empregador (EIN) junto ao IRS. Esse número é usado pela LLC para suas contas bancárias e para suas declarações de impostos de renda e de empregados. Além disso, será necessário obter um número de identificação fiscal estadual, caso sua empresa precise pagar impostos sobre vendas ou registrar-se junto ao departamento de trabalho estadual, dependendo dos estados onde a LLC vai operar. Pode ser necessário também obter licenças ou permissões para a empresa, conforme a jurisdição local.

Abertura de uma conta bancária empresarial é outro passo importante. Isso ajuda a manter as finanças do negócio separadas das finanças pessoais e é uma prática recomendada para evitar que o véu da LLC seja "perfurado" e os membros sejam responsabilizados pelas dívidas da empresa. A conta bancária também pode ajudar a construir o crédito da empresa. Para abrir uma conta, o banco vai solicitar informações como o nome da LLC, a data de formação, o tipo de negócio, os nomes dos proprietários, e o EIN.

Se sua LLC for operar em outros estados, além do estado de formação, será necessário registrá-la nesses estados. A LLC também precisará nomear um agente registrado em cada um desses estados. Para saber se sua LLC precisará se qualificar como estrangeira em algum estado, é aconselhável procurar orientação jurídica.

## DBAs - Doing Business As: Adotando um Nome Comercial

A inscrição "*Doing Business As*" (DBA) é uma maneira oficial e pública de registrar um nome comercial, seja no estado ou em uma jurisdição local, como um condado. Um nome DBA também é conhecido como nome fictício, nome comercial ou nome fantasia.

O nome DBA é utilizado quando uma empresa deseja operar com múltiplos nomes ou quando um proprietário único quer ser reconhecido por um nome diferente do nome legal. Por exemplo, *Business Filling Corp* é o nome legal, enquanto o DBA é *BizFilings*.

### Importância do Nome DBA

O nome DBA permite que empresários individuais e sociedades gerais operem com um nome diferente do nome pessoal do proprietário. Para corporações C, S, LLCs, sociedades limitadas (LPs), sociedades limitadas de responsabilidade (LLPs) e corporações sem fins lucrativos, o registro de um DBA permite que a empresa utilize um nome distinto do nome oficial incluído nos documentos de constituição.

Uma vez aprovado, o nome DBA pode ser usado como o nome oficial da empresa, permitindo a abertura de conta bancária, criação de materiais como cartões de visita, publicidade, transações comerciais e mais.

## Razões Comuns para Registrar um DBA

Os proprietários de empresas escolhem registrar um DBA por diversos motivos, incluindo:

1. Realizar transações comerciais com um nome diferente do nome oficial da empresa ou do proprietário.
2. Abrir uma conta bancária comercial (exigido por bancos para proprietários individuais e sociedades gerais).
3. Adicionar credibilidade ao negócio, especialmente para proprietários individuais e sociedades gerais.
4. Criar um nome novo para uma nova linha de negócios ou produto.
5. Registrar um nome de domínio como DBA para transações comerciais online.
6. Tornar o nome parte do registro público, notificando outras empresas sobre o uso do nome.

## Benefícios Principais do DBA

Não há limites para o número de nomes DBA que uma empresa pode registrar. Ter múltiplos DBAs permite que a empresa opere com diferentes nomes comerciais sob uma única entidade legal, desde que esteja dentro dos limites do objetivo comercial (se incorporado).

## Documentos Necessários para o Registro de Empresa: Um Guia Prático

Quando iniciar um negócio, um dos primeiros passos é o registro da empresa, que envolve uma série de documentos legais e financeiros essenciais. O processo pode parecer complexo devido à variedade de exigências, mas ter uma lista de verificação pode facilitar o cumprimento de todas as obrigações. A seguir, estão os principais documentos necessários para registrar uma empresa nos Estados Unidos.

**1. Artigos de Incorporação ou Certificado de Formação**

Esses documentos são fundamentais para formalizar o registro da empresa junto às autoridades estaduais. Para corporações, utiliza-se os Artigos de Incorporação, enquanto para sociedades de responsabilidade limitada (LLCs) ou estruturas semelhantes, utiliza-se o Certificado de Formação. Embora os requisitos variem de estado para estado, os documentos geralmente exigem informações básicas como nome da empresa, endereço, finalidade e nome do agente registrado. Além disso, algumas jurisdições exigem detalhes adicionais, como o número de ações autorizadas ou a declaração de propósito.

**2. Estatuto Social ou Contrato Operacional**

Os Estatutos Sociais (para corporações) e os Contratos Operacionais (para LLCs) são documentos cruciais que definem a estrutura e as regras de governança da empresa.

Eles estabelecem procedimentos de tomada de decisão, responsabilidades dos acionistas, diretores e administradores, e outros aspectos da operação. Esses documentos ajudam a garantir que a empresa opere dentro dos parâmetros legais e evitam conflitos internos, especialmente no caso de empresas com múltiplos sócios ou investidores.

**3. Número de Identificação do Empregador (EIN)**

Obtido junto ao *Internal Revenue Service* (IRS), o Federal EIN é essencial para que a empresa tenha uma identidade fiscal. Ele é utilizado para abrir contas bancárias comerciais, registrar impostos, contratar funcionários e solicitar licenças de negócios. O processo de obtenção do EIN pode ser feito online ou via envio do Formulário SS-4. No meu canal no *YouTube* eu disponibilizo um vídeo com o passo a passo completo para a obtenção do EIN, gratuitamente, diretamente do site do IRS. Confira!

**4. Registro de Impostos Estaduais**

Dependendo do estado onde a empresa está registrada, é necessário também obter registros para impostos estaduais, como o registro para cobrança de impostos sobre vendas e o imposto de empregador. Além disso, as empresas podem precisar de licenças e permissões específicas, variando conforme a indústria e localização.

**5. Resoluções e Consentimentos Organizacionais**

Estes documentos são importantes para a conformidade legal e podem incluir a aprovação de atos iniciais importantes, como a escolha de diretores ou a adoção de práticas de governança. A necessidade de resoluções pode variar conforme o tipo de empresa, mas elas são essenciais para formalizar decisões importantes, como a abertura de contas bancárias ou a assinatura de contratos.

**6. Licenças Comerciais Locais**

A obtenção de licenças comerciais municipais ou estaduais é um requisito fundamental, e as exigências podem variar conforme a localização. Além disso, é necessário garantir que essas licenças sejam renovadas periodicamente, o que pode envolver a apresentação de documentos adicionais, como comprovantes de seguro ou planos de negócios detalhados.

**7. Certificado de Autoridade para Qualificação Estrangeira**

Se a empresa for registrada em um estado diferente do que onde realiza negócios, será necessário obter um Certificado de Autoridade para qualificação estrangeira. Isso implica preencher formulários com informações sobre o estado de origem da empresa, obter um certificado de boa situação e designar um agente registrado no estado de qualificação.

**8. Apostila ou Certificado de Autenticação**

Para operações internacionais, documentos como os artigos de incorporação ou licenças de negócios podem precisar ser autenticados com uma Apostila ou Certificado de Autenticação, dependendo do país em questão. Esses documentos são fundamentais para validar a legitimidade da empresa em jurisdições estrangeiras.

**9. Relatórios Anuais e Renovação de Licenças**

Após o registro inicial, as empresas precisam cumprir com requisitos contínuos, como a apresentação de relatórios anuais detalhando as finanças e operações. Além disso, as licenças de negócios devem ser renovadas periodicamente, o que exige uma gestão eficiente para evitar multas ou a perda de status legal.

O registro de uma empresa envolve uma série de documentos importantes que garantem o cumprimento das obrigações legais e fiscais. É essencial que os empresários mantenham uma organização eficaz para reunir e atualizar esses documentos regularmente, a fim de evitar complicações legais no futuro.

## Considerações sobre o capítulo

Novamente, eu sei que isso tudo é bastante informação e, a depender do seu contexto, muitas coisas precisam ser consideradas. O importante é que, seja qual for a sua escolha, você esteja bem munido das informações necessárias para tomar essa decisão. Esse processo, e a pesquisa que ele requer, pode ser excepcionalmente laborioso e ausente de excitação para o empresário, mas é fazendo as coisas de forma diligente nessa etapa que, grande parte das dores de cabeça possíveis, são evitadas no futuro.

# 4

# GESTÃO FINANCEIRA E BOOKKEEPING

O dinheiro é o oxigênio de um negócio. Se você lê a biografia de grandes empresários, como Sam Walton, fundador do Walmart, verá que elementos como tecnologia avançada ou estratégias sofisticadas de *marketing* podem ser introduzidos tardiamente em uma empresa e ainda assim levar ao sucesso. Um empreendimento pode sobreviver sem um site bem elaborado, sem um plano de expansão detalhado ou até mesmo sem uma equipe completa – muitas *startups* começaram com recursos mínimos e ajustes constantes.

No entanto, sem um controle inteligente das finanças, como a gestão cuidadosa do fluxo de caixa ou o acompanhamento rigoroso de despesas, é quase impossível manter o negócio funcionando por mais de alguns meses. Um exemplo clássico é o caso de empresas que cresceram rapidamente, mas entraram em colapso por não conseguirem equilibrar receitas e custos operacionais, como ocorreu com algumas *startups* da bolha da internet nos anos 2000.

Se eu pudesse apontar apenas um erro que os pequenos empresários precisam evitar a todo custo, esse provavelmente seria o de misturar as finanças pessoais com as finanças empresariais. É importante que, desde o dia 1 do seu negócio, essas duas realidades estejam completamente separadas. Se você não tem experiência com gestão de negócios, é possível que esses aspectos pareçam um tanto nublados a princípio.

É impossível ter clareza sobre as finanças de uma empresa quando existe uma sobreposição com qualquer tipo de gasto pessoal.

Então, como eu separo o dinheiro que é da minha empresa e o que é meu? Em que momento uma coisa deve deixar de ser a outra? Que processos podemos empregar para gerir tudo isso da forma mais profissional possível? Vamos discutir isso tudo por partes.

## Conceitos básicos

Ao abrir uma empresa nos Estados Unidos, é essencial entender os diferentes tipos de receita que sua empresa pode gerar. A receita bruta é todo o dinheiro que entra no negócio antes de qualquer dedução. A receita líquida é o valor que sobra após descontos e devoluções. Existem também as receitas recorrentes, como assinaturas e contratos mensais, além das receitas pontuais, que vêm de vendas únicas ou projetos especiais.

Os pagamentos podem ser feitos de várias formas, incluindo dinheiro, cartões de crédito e débito, transferências bancárias, plataformas digitais como *PayPal* e *Stripe,* ou até cheques.

As despesas de uma empresa podem ser classificadas em fixas e variáveis. Despesas fixas incluem itens como aluguel comercial, seguro empresarial, salários base, serviços de internet e telefone, software e assinaturas, e parcelas de empréstimos. As despesas variáveis envolvem mercadorias e matéria-prima, comissões de vendas, utilidades (como luz, água e gás), marketing e publicidade, manutenção e qualquer tipo de suprimento do escritório.

Além disso, as empresas devem lidar com diversas despesas relacionadas aos impostos. Os impostos federais de renda (*Federal Income Tax*) e estaduais (*State Income Tax*), os impostos sobre a folha de pagamento (*Payroll Tax*), o imposto sobre vendas (*Sales Tax)* e o imposto sobre propriedades (*Property Tax)*, caso a empresa tenha imóvel, são algumas das obrigações fiscais que precisam ser gerenciadas.

Eu sei que é o caso de muitos empreendedores que começam nos EUA  assumir todas as funções da empresa. Do vendedor ao faxineiro, mas uma vez que você comece a contratar seu time, é importante também planejar as despesas com essa equipe. Isso inclui salários, benefícios como planos de saúde e odontológicos, contribuições para o 401(k), férias e feriados pagos (PTO), além de custos com treinamentos.

Para garantir que a empresa esteja sempre em dia com suas finanças, é fundamental adotar boas práticas de controle financeiro. Novamente, separar as contas pessoais das empresariais, manter registros organizados de todas as transações, utilizar software de contabilidade (falarei mais sobre isso adiante) e guardar todos os recibos (sejam físicos ou digitais) são medidas essenciais.

O planejamento financeiro também é crucial. Criar um orçamento anual, prever despesas sazonais, manter uma reserva de emergência e planejar investimentos futuros são passos importantes para garantir a saúde financeira do negócio a longo prazo.

Essa gestão financeira não é algo que podemos fazer de uma vez para sempre, mas que devemos fazer com constância. Isso não significa que esse processo precisa ser sempre desnecessariamente laborioso. Você verá que, com uma boa organização, isso vai tomar relativamente pouco tempo da sua semana. É importante realizar uma análise regular da situação financeira da empresa. Isso inclui acompanhar as margens de lucro, monitorar o fluxo de caixa, comparar resultados com períodos anteriores e identificar áreas onde os custos podem ser reduzidos.

Manter a conformidade com as regulamentações locais, estaduais e federais também é essencial. Isso inclui manter a documentação em dia, cumprir os prazos fiscais e atender às exigências do setor.

Seguindo essa estrutura, pequenas empresas conseguem manter um controle financeiro efetivo, tomar decisões informadas, planejar um crescimento sustentável, evitar problemas com o fluxo de caixa e cumprir todas as obrigações legais e fiscais.

## Abrindo uma conta nos EUA enquanto imigrante

É muito comum que o lidar com a burocracia de outro país assuste um pouco as pessoas. Abrir uma conta bancária nos EUA como estrangeiro pode parecer complicado, mas com a documentação e os passos corretos, o processo se torna mais simples. Primeiro, como você faria em qualquer lugar do mundo, é necessário reunir documentos essenciais, como um passaporte válido, um visto ou outra prova de residência legal nos EUA, e documentos de imigração, como o I-20 ou DS-2019. Também será preciso apresentar um comprovante de endereço nos EUA, que pode ser uma conta de serviços ou contrato de aluguel, além de um *Social Security Number* (SSN) ou *Individual Taxpayer Identification Number* (ITIN). É importante ainda estar preparado para fazer um depósito inicial, esse valor varia de banco para banco.

Algumas opções de banco que você pode levar em consideração são o *Chase, Bank of America* ou *Wells Fargo*, que têm experiência em atender clientes internacionais. Bancos online, como *Capital One*, ou cooperativas de crédito (*credit unions*) também são boas alternativas. Pesquise atentamente as taxas cobradas, os requisitos de saldo mínimo e a localização de agências e caixas eletrônicos para decidir qual banco atende melhor às suas necessidades, dentro do seu contexto, considerando também o local onde você mora. . O Banco do Brasil também possui presença nos EUA, facilitando a abertura de contas de brasileiros, através de sua subsidiária BB Americas, com agências em Miami, Orlando e outras localidades.

Na maioria dos casos, será necessário agendar uma visita presencial para abrir a conta. Não se esqueça, de modo algum, de levar todos os documentos mencionados anteriormente e, dependendo do banco, pode ser necessário avisar com antecedência sobre a intenção de abrir uma conta internacional. Durante a reunião, será possível escolher entre diferentes tipos de conta, como uma *checking account,* voltada para transações diárias, ou uma *savings account,* ideal para guardar dinheiro. Se você for estudante, muitos bancos oferecem contas especiais que podem ser mais vantajosas.

No passado, mesmo sem um SSN ou ITIN, alguns bancos permitiam a abertura de contas, embora hoje as opções são bem limitadas. Se você precisa fazer transferências internacionais com frequência, pode ser útil escolher um banco com presença global ou verificar se o banco do seu país de origem possui parceria com bancos americanos. Também é importante perguntar sobre taxas para transferências internacionais e considerar bancos que oferecem a possibilidade de abrir contas virtuais para titulares de certos tipos de visto.

Com planejamento e os documentos corretos, abrir uma conta bancária nos EUA deve ser um processo tranquilo, garantindo que você tenha acesso às ferramentas financeiras necessárias para sua estadia ou negócios no país.

## Calculando os custos de abertura e lançamento

Ao abrir uma empresa nos Estados Unidos, especialmente para um empreendedor brasileiro, é essencial seguir um planejamento organizado, dividindo o processo em etapas chave.

1. **Custos Iniciais**: Incluem o registro da empresa (LLC ou *Corporation*), que varia entre 400 e 1500 dólares, o EIN (número de identificação fiscal), e licenças específicas do setor. Além disso, considere os custos com seguro empresarial e possíveis honorários legais.
2. **Custos Operacionais:** Incluem depósito de aluguel comercial, móveis, equipamentos essenciais, sistema POS, software de gestão e criação de um website. Também é importante reservar verba para marketing inicial.
3. **Custos Mensais:** Custos fixos incluem aluguel, salários, seguros, software e contabilidade. As variáveis podem envolver mercadorias, marketing contínuo e comissões. Mantenha uma reserva para emergências e impostos trimestrais.
4. **Precificação**: Realize uma pesquisa de mercado para entender os preços dos concorrentes e definir a percepção de valor local. Calcule o preço considerando custos, margem de lucro e impostos.
5. **Plano de Lançamento:** Realize uma pesquisa de mercado local, crie uma estratégia de marketing digital,

prepare materiais bilíngues e invista em mídia local e redes sociais. Organize eventos de inauguração e promoções.

6. **Considerações Importantes:** Adapte seu produto ao mercado americano, verifique as regulamentações locais e garanta que sua empresa esteja em conformidade. Mantenha um controle financeiro eficiente e um planejamento tributário adequado.

Seguindo essas etapas, o empreendedor brasileiro terá uma base sólida para iniciar sua empresa nos Estados Unidos e buscar o sucesso.

## Obrigações Acessórias para Manter sua Empresa nos EUA

Após o registro da sua empresa, surgem as obrigações legais e fiscais que precisam ser cumpridas para garantir a legalidade do negócio. Essas responsabilidades variam conforme o tipo de estrutura escolhida, como LLC, Corporation, entre outras.

### Board of Directors e Emissão de Ações nas Corporations

Se você optou por abrir uma **Corporation**, será necessário formar o **Board of Directors** (Conselho de Administração), responsável por supervisionar a gestão do negócio. Embora os acionistas ou proprietários possam integrar o conselho, isso não é obrigatório. Além disso, a emissão de **ações** (shares) é uma exigência, com a quantidade e o valor definindo a propriedade da empresa, mas os acionistas não precisam necessariamente fazer parte do Board.

## Obrigações Anuais e Periódicas

Com a empresa em operação, há algumas obrigações contínuas a serem cumpridas para manter a conformidade com as leis locais e estaduais. Os requisitos podem variar de estado para estado, por isso é importante estar ciente das exigências específicas onde sua empresa foi registrada.

### Relatórios e Declarações Fiscais

- **Annual Report:** O pagamento da taxa anual para manter sua empresa com "*status ativo*" é uma obrigação comum, sem a necessidade de apresentar demonstrações financeiras detalhadas.
- **Declaração de Imposto de Renda:** LLCs e S-Corps devem enviar a declaração de imposto de renda federal até 15 de março, enquanto C-Corps têm até 15 de abril. Fique atento também aos prazos e exigências fiscais estaduais.
- **Bookkeeping:** Manter um bookkeeping eficiente, registrando todas as transações financeiras e separando os registros empresariais dos pessoais, é crucial para uma boa gestão financeira.

### Outras Obrigações

- **Local Business Tax Receipt**: Caso sua empresa envolva vendas, a maioria dos estados exige um recibo de imposto comercial local, que não é uma licença regulatória, mas necessário para o funcionamento legal do negócio.
- **Folha de Pagamento (Payroll)**: Para empresas S-Corp, a gestão da folha de pagamento é obrigatória e envolve o cálculo dos salários dos funcionários e o pagamento dos impostos federais e estaduais relacionados.

•**Licenças Regulatórias:** Dependendo da sua atividade, pode ser necessário obter licenças específicas, conforme as regulamentações estaduais.

**Impostos a Considerar**

•**Sales Tax:** O imposto sobre vendas é cobrado sobre bens e serviços e deve ser repassado ao governo pelo vendedor. As alíquotas variam de acordo com o estado.

•**Tangible Personal Property Tax:** Incide sobre bens tangíveis, como móveis, equipamentos e utensílios usados no negócio, com base no valor desses itens. As regras variam de estado para estado.

Essas obrigações acessórias são essenciais para manter sua empresa em conformidade com as leis locais e garantir que ela continue a operar de forma eficiente e legal. Estar atento a esses detalhes ajudará a evitar problemas legais e a criar uma base sólida para o crescimento do seu negócio.

## A importância do Bookkeeping

O bookkeeping, ou contabilidade do dia a dia, é fundamental para qualquer negócio, pois é ele quem garante que você tenha um controle preciso de todas as transações financeiras da empresa. Manter tudo organizado não é apenas uma questão de compliance com as leis, mas também de tomar decisões informadas para o crescimento do seu empreendimento. Se os registros financeiros não estiverem bem organizados, você pode acabar perdido com números que não fazem sentido, o que pode afetar diretamente sua capacidade de planejar e investir no futuro do seu negócio. Para manter tudo em ordem, é importante registrar cada transação de maneira consistente e separar claramente os gastos pessoais dos da empresa. Isso envolve acompanhar receitas, despesas, impostos, e até mesmo o fluxo de caixa.

O uso de software de contabilidade pode facilitar muito esse processo, tornando a gestão mais ágil e precisa, além de ajudar a evitar erros que podem ser caros no longo prazo. A organização do seu bookkeeping também te dá uma visão clara do desempenho do seu negócio, permitindo ajustes rápidos sempre que necessário.

## Quickbooks - o único aplicativo que você precisa.

O Quickbooks é um dos softwares de contabilidade mais populares dos Estados Unidos. Ele foi desenhado especificamente para negócios pequenos, como provavelmente é seu caso se você está lendo esse livro. O Quickbooks permite que você registre, organize e arquive todas as transações do seu negócio em um único lugar. Esse software oferece diferentes precificações - a depender de coisas como o tipo de negócio que você tem, se é baseado em serviços ou produtos físicos - mas todas elas têm um valor acessível. Em todas as versões você pagará uma pequena taxa mensal.

Uma vez que você tenha acesso à ferramenta, um dashboard vai te mostrar os Invoices, Expenses, Profit a*nd loss, sales e bank balances.* Isso significa que, numa mesma tela, você tem acesso imediato a todas as informações financeiras revelantes para o seu negócio no dia a dia.

Dentro da plataforma do Quickbooks você pode clicar na opção "My Accountant" na barra de navegação à esquerda e oferecer diretamente acesso ao seu contador. Se nesse momento você ainda não possui um, a plataforma permite até mesmo que você contrate um contador através dela.

Conforme sua empresa crescer – e a depender do plano que você tenha contratado – é possível adicionar ainda mais usuários dentro da ferramenta, e controlar que nível de acesso cada um deles possui.

O Quickbooks é uma ferramenta extremamente simples e acessível, se você quer manter suas finanças organizadas e seu negócio saudável, eu não teria uma recomendação melhor.

## Calculando a lucratividade e margem de contribuição

Cálculo de lucratividade e margem de contribuição é fundamental para entender a saúde financeira de uma pequena empresa, especialmente para quem está começando. Vamos focar nos aspectos mais simples e práticos, sem entrar em métricas mais complexas.

### Cálculo de Lucro

Primeiro, o lucro bruto é o valor que sobra depois de deduzir o custo dos produtos vendidos (COGS) da receita total. A fórmula é simples:

**Lucro Bruto = Receita Total - Custo dos Produtos Vendidos.**

Por exemplo, se você tem uma receita de $100,000 e gastou $60,000 com a produção ou compra de seus produtos, seu lucro bruto seria de $40,000.

A partir do lucro bruto, chegamos ao Lucro Operacional, que é o que sobra depois de descontar as despesas operacionais, como salários, aluguel, marketing, utilidades e seguros. A fórmula para isso é:

**Lucro Operacional = Lucro Bruto - Despesas Operacionais.**

O Lucro Líquido é o que realmente sobra no final, depois de descontados os impostos, juros e outras despesas extras. A fórmula é:

**Lucro Líquido = Lucro Operacional - (Impostos + Juros + Outras Despesas).**

## Margem de Contribuição

A margem de contribuição é a quantia que cada unidade vendida contribui para cobrir os custos fixos e gerar lucro. Para calculá-la, basta subtrair o custo variável unitário do preço de venda unitário.

**Margem de Contribuição = Preço de Venda Unitário - Custo Variável Unitário.**

Para entender isso como porcentagem, basta dividir a margem de contribuição pelo preço de venda e multiplicar por 100:

**Margem de Contribuição % = (Margem de Contribuição / Preço de Venda) × 100.**

Esses cálculos importam muito. São eles que lhe ajudam a entender quanto dinheiro sua empresa realmente está gerando por produto ou serviço e o quanto está contribuindo para cobrir custos fixos. E é claro, é através disso que você sabe de verdade quanto vai para o seu bolso no final dessa história. Tendo tudo isso na ponta do lápis você tem a confiança de que o que está se pagando não vai ferir o seu negócio no curto e nem no longo prazo.

## Aplicação Prática

Uma vez que você compreende como calcular lucro e margem de contribuição, pode aplicar esses números nas decisões do dia a dia da empresa. Se você trabalha com produtos, por exemplo, pode analisar quais itens geram mais lucro e quais precisam ser repensados. Para serviços, pode calcular o custo por hora e ver onde há oportunidades para melhorar a eficiência e maximizar os seus ganhos.

Além disso, esses cálculos ajudam a definir uma estratégia de precificação mais inteligente, ajustar descontos e promoções, ou até decidir quando eliminar produtos ou serviços que não são rentáveis.

## Indicadores Importantes para Pequenas Empresas

Embora métricas como **ROI (Return on Investment) e ROA (Return on Assets)** sejam mais comuns em empresas maiores, para pequenas empresas é importante também acompanhar algumas métricas mais simples, como:

- **Custo por unidade** ou **hora** de serviço.
- **Volume de vendas** necessário para cobrir os custos fixos (ponto de equilíbrio).
- **Rentabilidade por produto ou serviço.**

Essas informações ajudam a tomar decisões estratégicas mais informadas, como ajustar preços, focar em produtos mais lucrativos e até planejar o crescimento da empresa de maneira mais sustentável.

No fim das contas, esse tipo de análise simplificada de lucratividade e margem de contribuição vai permitir que você tenha um controle mais claro sobre os números da sua empresa, faça ajustes mais rápidos e, principalmente, otimize a gestão financeira desde o início do seu negócio.

## Recapitulando...

Em resumo, a gestão financeira eficaz e o *bookkeeping* adequado são essenciais para a saúde e sustentabilidade de qualquer pequena empresa. Manter as finanças bem organizadas, separar as finanças pessoais das empresariais, e adotar práticas de controle simples, mas eficientes, pode evitar muitos problemas financeiros no futuro. A utilização de ferramentas como o QuickBooks facilita muito a organização e o acompanhamento das finanças. Além disso, entender e calcular a lucratividade e a margem de contribuição são passos fundamentais para tomar decisões informadas e estratégicas, garantindo que o negócio esteja no caminho certo para o crescimento sustentável e o sucesso a longo prazo.

# 5

# CUMPRINDO AS OBRIGAÇÕES FISCAIS

## Não podemos esquecer...

Eu suspeito que esta não seja a parte favorita de ninguém, mas nem por isso ela se torna negligenciável. Pelo contrário, essa é uma das áreas de "vida ou morte" para qualquer empresa. Em 1929, o juiz da Suprema Corte Americana Oliver W. Holmes disse que "Impostos são o preço que pagamos para viver em sociedade". Eu não sou cientista político e não pretendo oferecer nenhuma opinião sobre a veracidade dessa afirmação, mas eu garanto a você que, no mínimo, impostos são o preço que você precisará pagar, se quiser operar e prosperar nos Estados Unidos.

Os Estados Unidos são um cenário competitivo e regulamentado, e se esse ambiente por si só demanda profissionalismo, entre colaboradores, parceiros e clientes, não poderia ser diferente na hora de pagar o que o estado americano espera de nós.

O cumprimento das obrigações fiscais e legais é um pilar fundamental para o sucesso e a sustentabilidade de qualquer pequena empresa. A conformidade com as normas tributárias não apenas evita penalidades financeiras significativas, mas também reforça a reputação da empresa como uma parceira confiável e profissional perante clientes, fornecedores e investidores. Uma reputação sólida nesse sentido pode abrir portas para novos negócios, facilitar a obtenção de crédito e fortalecer relacionamentos comerciais. Além disso, se manter em dia com as obrigações fiscais e legais é essencial para garantir a continuidade das operações, evitando interrupções causadas por auditorias, multas ou outras ações regulatórias que possam comprometer a estabilidade do negócio.

Para pequenas empresas, entender e gerenciar os aspectos legais e tributários pode parecer desafiador, especialmente diante da complexidade do sistema fiscal americano. No entanto, esse conhecimento é crucial para tomar decisões estratégicas que impactam diretamente a saúde financeira do negócio. Desde a escolha da estrutura jurídica adequada, como LLC, corporação ou empresa individual, até o cálculo e pagamento de impostos federais, estaduais e locais, cada etapa exige atenção e planejamento.

Este capítulo aborda os principais aspectos legais e tributários que pequenas empresas nos EUA precisam considerar. Discutiremos a importância de manter registros financeiros precisos, a necessidade de entender as diferentes categorias de impostos (como *income tax, payroll tax* e *sales tax*) e as obrigações relacionadas à contratação de funcionários. Além disso, exploraremos as consequências do não cumprimento das normas fiscais, incluindo multas, juros e até mesmo ações judiciais.

Ao final deste capítulo, o leitor terá uma visão clara das responsabilidades fiscais e legais que envolvem a administração de uma pequena empresa nos EUA, bem como ferramentas e práticas recomendadas para garantir a conformidade e evitar problemas futuros. Compreender esses aspectos não apenas protege o negócio, mas também cria uma base sólida para o crescimento e a prosperidade a longo prazo.

## Estrutura Legal e Regulamentações Empresariais

A estrutura legal e as regulamentações empresariais nos Estados Unidos são fundamentais para o funcionamento adequado de qualquer pequena empresa. Compreender e aderir a essas normas não apenas evita penalidades, mas também cria um ambiente de negócios estável e confiável. Nesta seção, exploraremos as principais leis que afetam pequenas empresas, incluindo leis trabalhistas, ambientais e regulamentações setoriais, além de fornecer orientações sobre como garantir o compliance com essas regulamentações.

### Leis Trabalhistas

As leis trabalhistas nos EUA são rigorosas e abrangem uma variedade de aspectos relacionados à contratação e gestão de funcionários. Para pequenas empresas, é essencial estar ciente de requisitos como:

**Contratação e Documentação:** Ao contratar funcionários, é necessário verificar a elegibilidade para trabalho nos EUA, preenchendo o Formulário I-9. Além disso, manter registros precisos de horas trabalhadas, salários e benefícios é obrigatório.

**Salário Mínimo e Horas Extras:** O Fair Labor Standards Act (FLSA) estabelece o salário mínimo federal e regula o pagamento de horas extras. Empresas devem garantir que os funcionários recebam pelo menos o salário mínimo federal (ou estadual, se maior) e sejam compensados adequadamente por horas extras trabalhadas.

**Benefícios Obrigatórios:** Dependendo do tamanho da empresa e da localização, pode ser necessário oferecer benefícios como seguro-desemprego, compensação por acidentes de trabalho e licença médica conforme a Family and Medical Leave Act (FMLA).

Ignorar essas leis pode resultar em multas pesadas, ações judiciais e danos à reputação da empresa. Portanto, é crucial manter-se atualizado sobre as regulamentações trabalhistas federais e estaduais.

## Leis Ambientais

Para empresas que operam em setores que impactam o meio ambiente, como manufatura, construção ou transporte, o cumprimento das leis ambientais é essencial. A Environmental Protection Agency (EPA) é a principal agência responsável por regulamentar questões ambientais nos EUA. Algumas das principais áreas de conformidade incluem:

**Gestão de Resíduos:** Empresas devem seguir diretrizes específicas para o descarte de resíduos perigosos, como produtos químicos ou materiais tóxicos.

**Emissões e Poluição:** Setores que emitem poluentes no ar ou na água devem obter permissões e seguir padrões rigorosos para minimizar seu impacto ambiental.

**Uso de Recursos Naturais:** Empresas que utilizam recursos como água ou energia devem aderir a regulamentações que promovem a sustentabilidade.

A conformidade com as leis ambientais não apenas protege o meio ambiente, mas também evita multas e sanções que podem prejudicar financeiramente a empresa.

## Regulamentações Setoriais

Além das leis gerais, muitas pequenas empresas estão sujeitas a regulamentações específicas do setor em que atuam. Essas regras variam amplamente dependendo da atividade da empresa e podem incluir:

**Licenças e Autorizações:** Restaurantes, por exemplo, precisam de licenças de saúde e segurança, enquanto empresas de construção podem exigir autorizações específicas para obras.

**Normas de Segurança:** Setores como transporte e saúde estão sujeitos a regulamentações rigorosas para garantir a segurança dos funcionários e do público.

**Proteção ao Consumidor:** Empresas que vendem produtos ou serviços diretamente aos consumidores devem seguir normas que garantem a qualidade e a segurança dos produtos, além de práticas comerciais justas.

## Como Garantir Compliance com as Regulamentações

Garantir o compliance com as diversas regulamentações pode parecer complexo, mas algumas práticas podem simplificar o processo:

1. **Educação e Treinamento:** Mantenha-se informado sobre as leis e regulamentações aplicáveis ao seu setor. Investir em treinamentos para a equipe também é essencial para garantir que todos estejam cientes das obrigações legais.
2. **Consultoria Especializada:** Contar com advogados, contadores ou consultores especializados em direito empresarial e tributário pode ajudar a navegar pelas complexidades das regulamentações.

**3. Sistemas de Gestão:** Utilize softwares de gestão para manter registros precisos de funcionários, impostos e licenças, facilitando a conformidade e a preparação para auditorias.

**4. Auditorias Internas:** Realize auditorias periódicas para identificar e corrigir possíveis falhas no cumprimento das normas antes que se tornem problemas maiores.

Ao adotar uma abordagem proativa em relação ao compliance, pequenas empresas não apenas evitam riscos legais e financeiros, mas também constroem uma base sólida para o crescimento e a confiança no mercado.

## Tributação para Pequenas Empresas

O sistema tributário americano é complexo e operado em três níveis de governo: federal, estadual e local. Para pequenas empresas, compreender essa estrutura e cumprir corretamente as obrigações fiscais é essencial para garantir a conformidade legal e evitar penalidades. Além disso, uma boa gestão tributária pode reduzir custos operacionais e permitir um planejamento financeiro mais eficiente.

## O funcionamento da tributação nos EUA

As pequenas empresas nos Estados Unidos precisam lidar com diferentes tipos de tributos, dependendo da estrutura legal da empresa, do setor de atuação e da localização geográfica. Em nível federal, os impostos são administrados pelo **Internal Revenue Service (IRS)**, órgão responsável pela arrecadação e fiscalização tributária no país. O principal tributo federal para empresas é o **Income Tax** (**imposto de renda**), além das contribuições para a seguridade social, como o *Social Security* e o *Medicare.*

Nos estados, a tributação pode variar significativamente. Alguns cobram **imposto de renda estadual,** enquanto outros não possuem essa exigência. Além disso, há impostos sobre vendas (**Sales Tax**) e outras taxas que variam conforme a legislação local. Já os municípios e condados podem impor tributos adicionais, como o **Sur Tax,** que funciona como uma sobretaxa sobre determinados produtos, serviços ou transações.

Para qualquer pequeno empresário, o primeiro passo é compreender quais tributos incidem sobre sua atividade e sua localização. Dependendo da estrutura do negócio, algumas empresas podem ser tributadas diretamente na declaração pessoal dos proprietários **(pass-through taxation)**, enquanto outras pagam impostos corporativos. O correto enquadramento legal é crucial para definir como e quando os impostos devem ser pagos.

## Sales Tax: O Imposto sobre Vendas

O **Sales Tax** é um dos tributos mais relevantes para pequenas empresas que comercializam produtos e, em alguns casos, serviços. Sua alíquota varia entre os estados, podendo oscilar entre 4% e 9%, e, em alguns casos, existem isenções para determinados setores ou categorias de produtos.

Diferentemente do imposto sobre valor agregado (IVA) utilizado em outros países, o Sales Tax nos EUA não é embutido no preço final do produto pelo vendedor. Em vez disso, ele é cobrado diretamente do consumidor no momento da compra e depois repassado ao governo pelo comerciante. Para isso, as empresas devem obter uma autorização específica e manter registros detalhados de todas as transações sujeitas à tributação.

## Sur Tax: A Sobretaxa Local

Além do imposto estadual sobre vendas, algumas localidades aplicam uma taxa adicional conhecida como Sur Tax. Essa sobretaxa pode ser estabelecida por condados ou cidades e, geralmente, é destinada ao financiamento de projetos públicos, como infraestrutura ou transporte. Sua alíquota costuma variar entre 0,1% e 2%, e sua cobrança pode ser temporária ou permanente, dependendo da legislação local.

Para pequenas empresas, é essencial verificar se sua cidade ou condado impõe o Sur Tax e garantir que ele seja corretamente calculado e incluído nos preços. Em muitos casos, sistemas de contabilidade e softwares de gestão tributária podem auxiliar no cálculo automático dessas taxas, reduzindo o risco de erros.

## Income Tax: O Imposto de Renda Empresarial

O **Income Tax** é um dos tributos centrais para qualquer empresa nos EUA, mas sua forma de cobrança depende diretamente do modelo de negócio adotado. Empresas estruturadas como **LLCs, S-Corps ou Sole Proprietorships** costumam ser tributadas pelo sistema de "*pass-through taxation*", o que significa que seus lucros são declarados diretamente na declaração de imposto de renda pessoal dos proprietários. Já as **C-Corps** são tributadas como entidades separadas e pagam um imposto corporativo fixo, além de possíveis tributações adicionais sobre a distribuição de dividendos.

Outro fator relevante para pequenas empresas é a possibilidade de aplicar **deduções fiscais** para reduzir a base de cálculo do imposto devido. Gastos operacionais, investimentos em equipamentos e até despesas com home office podem ser utilizados para minimizar a carga tributária. Entretanto, para que essas deduções sejam aceitas pelo IRS, é essencial manter uma documentação detalhada e organizada.

## Estimated Tax Payments: Pagamento Estimado de Impostos

Nos Estados Unidos, pequenas empresas não têm seus impostos automaticamente retidos na fonte, como ocorre com trabalhadores assalariados. Por isso, quando a expectativa de débito fiscal ultrapassa **US$ 1,000 no ano,** a empresa ou o empresário individual deve realizar **pagamentos estimados trimestrais ao IRS.**

Esses pagamentos são calculados com base na projeção de receita anual e devem ser quitados em quatro parcelas ao longo do ano. O não cumprimento dessa obrigação pode resultar em multas e juros por insuficiência de pagamento. Para evitar surpresas, é recomendável manter um planejamento tributário detalhado e contar com um contador para auxiliar nos cálculos.

## Checklist: Como identificar quais impostos a sua empresa deve pagar

Para garantir a conformidade fiscal do seu negócio, siga este passo a passo:

- **Determine a estrutura legal da sua empresa** (*LLC, Corporation, Sole Proprietorship*).
- **Verifique suas obrigações federais** com base na atividade e modelo empresarial.
- **Consulte a secretaria da fazenda do seu estado** para entender as regras de tributação estaduais.
- **Identifique os impostos locais** cobrados pelo município ou condado.
- **Confirme se suas atividades estão sujeitas ao Sales Tax** e registre-se para coletá-lo, se necessário.
- **Verifique a existência de Sur Tax na sua localidade** e suas alíquotas.
- **Estabeleça um calendário para pagamentos estimados de impostos** e evite multas.
- **Registre-se nos órgãos fiscais necessários**, incluindo o IRS e autoridades estaduais.
- **Implemente um sistema de controle fiscal** para manter registros organizados.
- **Consulte um tax advisor regularmente** para garantir que sua empresa esteja em conformidade.

## Obrigações Fiscais e Relatórios Anuais

Cumprir corretamente as obrigações fiscais é uma das principais responsabilidades das pequenas empresas nos Estados Unidos. O não cumprimento de prazos e a falta de organização podem resultar em penalidades financeiras e até mesmo problemas legais. Para garantir a conformidade com o IRS e as autoridades estaduais e locais, é essencial seguir um calendário rigoroso de obrigações periódicas e manter registros contábeis detalhados.

O primeiro passo para qualquer empresário é entender quais declarações fiscais devem ser enviadas e seus respectivos prazos. Para empresários individuais, o formulário **1040 (Schedule C)** deve ser entregue até **15 de abril,** enquanto **corporations** precisam apresentar o **Form 1120 até 15 de abril ou Form 1120S** até **15 de março**. Já para **parcerias (partnerships)**, o formulário correspondente é o **1065**, também com vencimento em **15 de março.**

Além dessas declarações principais, as empresas que possuem funcionários precisam cumprir obrigações adicionais relacionadas à folha de pagamento. O **Form 941,** que reporta impostos sobre os salários pagos, deve ser apresentado trimestralmente, enquanto o **Form 940,** que trata do imposto federal de desemprego **(FUTA Tax**), tem caráter anual e deve ser entregue até **31 de janeiro**.

Empresas sujeitas ao **Sales Tax**, ou imposto sobre vendas, devem realizar o repasse periodicamente, conforme as exigências do estado onde operam. Dependendo da legislação estadual, essa obrigação pode ser mensal ou trimestral, exigindo um acompanhamento rigoroso para evitar atrasos. Além disso, documentos como **W-2s** (para funcionários) e **1099s** (para prestadores de serviço autônomos) devem ser enviados aos respectivos destinatários e ao IRS até **31 de janeiro** de cada ano.

A correta administração desses prazos e documentos não apenas garante a conformidade fiscal, mas também facilita a organização financeira da empresa. O uso de softwares de contabilidade e a contratação de um profissional qualificado podem ser estratégias valiosas para evitar erros e atrasos.

## Registro e Manutenção de Documentação (Record Keeping)

Além de cumprir as obrigações fiscais, as empresas devem manter um sistema eficiente de **registro e arquivamento de documentos financeiros e contábeis.** O IRS e outros órgãos reguladores podem solicitar esses registros a qualquer momento, especialmente em caso de auditorias ou revisões fiscais.

Para garantir uma boa gestão documental, é necessário armazenar informações detalhadas sobre a atividade financeira da empresa. Entre os documentos essenciais, destacam-se os registros de receitas brutas, compras e despesas, folha de pagamento, ativos fixos e depreciação, contas bancárias empresariais, documentos de constituição da empresa, licenças e alvarás, contratos importantes, além de notas fiscais de vendas e compras.

A legislação americana também estabelece períodos mínimos de retenção para cada categoria de documento. Os registros de emprego devem ser mantidos por quatro anos, enquanto os documentos fiscais básicos precisam ser armazenados por três anos após a entrega da declaração correspondente. No caso de registros de ativos, o prazo se estende até três anos após a disposição do bem, enquanto documentos relacionados a prejuízos fiscais devem ser mantidos por sete anos. Já os registros bancários e documentos de folha de pagamento possuem prazos de retenção de sete e quatro anos, respectivamente.

A melhor forma de evitar problemas e garantir que a empresa esteja sempre preparada para fiscalizações é adotar um **sistema eficiente de arquivamento,** tanto físico quanto digital. A organização dos documentos deve permitir fácil acesso a informações essenciais, facilitando auditorias e revisões. Empresas bem estruturadas mantêm uma documentação clara e cronológica das transações, assegurando a separação entre despesas pessoais e empresariais e registrando todas as deduções fiscais de forma detalhada.

## Como se Preparar para Auditorias e Revisões Fiscais

Mesmo empresas que cumprem rigorosamente suas obrigações fiscais podem ser selecionadas para auditorias. Para evitar problemas, é fundamental manter um sistema de **gestão documental estruturado desde o início das operações.** O armazenamento organizado de comprovantes, relatórios contábeis e correspondências com autoridades fiscais pode ser determinante para a defesa da empresa em caso de questionamentos.

Algumas boas práticas incluem:

- Manter um sistema organizado de arquivamento físico e digital.
- Implantar um sistema de *Bookkeeping* para registrar todas as transações de forma clara e cronológica.
- Separar rigorosamente despesas pessoais e empresariais.

- Documentar corretamente todas as deduções fiscais.
- Criar *backups* regulares de documentos digitais.
- Elaborar notas explicativas para transações incomuns.
- Armazenar registros detalhados sobre as metodologias contábeis adotadas.
- Organizar os comprovantes originais por data e tipo.

Além disso, o uso de um **software de contabilidade** pode simplificar a organização tributária e garantir que todas as informações sejam registradas corretamente. Empresas que lidam com um volume expressivo de transações devem considerar a contratação de um contador especializado para monitorar e validar as obrigações fiscais periodicamente.

Por fim, um dos aspectos mais importantes da preparação fiscal é **manter a comunicação documentada com as autoridades tributárias.** Qualquer correspondência enviada ou recebida do IRS ou de órgãos estaduais e locais deve ser arquivada adequadamente, incluindo notificações, esclarecimentos e possíveis retificações de declarações. Dessa forma, a empresa estará mais bem preparada para eventuais questionamentos e poderá responder rapidamente a qualquer exigência regulatória.

## Registro e Cálculo dos Impostos

Para operar legalmente nos Estados Unidos, toda empresa deve estar devidamente registrada junto ao **Internal Revenue Service** (IRS) e às autoridades estaduais e locais. Esse processo, embora burocrático, é essencial para garantir a conformidade fiscal e evitar penalidades futuras.

O primeiro passo é a **preparação inicial,** que envolve a definição da **estrutura legal da empresa**—seja como **Sole Proprietorship, LLC, S-Corp ou C-Corp**—além da reunião de todos os documentos necessários, tanto pessoais quanto empresariais. Cada estado pode ter requisitos específicos, o que exige uma consulta prévia às regras locais para evitar problemas ao longo do processo de registro.

Com a documentação organizada, é necessário obter o **Employer Identification Number (EIN)**, um número de identificação fiscal emitido pelo IRS. O procedimento pode ser feito de forma rápida e gratuita através do site oficial do IRS (www.irs.gov). Para isso, basta acessar a opção "**Apply for an Employer Identification Number",** preencher o **Form SS-4** online e submeter a solicitação. O EIN é gerado imediatamente, permitindo que a empresa inicie suas operações fiscais sem demora.

Após a obtenção do EIN, a empresa deve completar outras etapas importantes, como o **registro no estado onde pretende operar**, a **configuração de uma conta bancária específica para o pagamento de impostos** e a **implementação de um sistema de folha de pagamento,** caso possua funcionários. Essas medidas garantem que os tributos sejam recolhidos corretamente e facilitam a administração financeira da empresa.

## Cálculo Simplificado de Impostos

Gerenciar corretamente a tributação da empresa exige um entendimento claro dos cálculos envolvidos. O primeiro passo é determinar a **base tributável,** ou seja, a receita sobre a qual os impostos serão aplicados. Para isso, subtrai-se do **faturamento bruto** todas as **despesas dedutíveis**, como custos operacionais, salários, aluguel e insumos. O valor resultante representa a **renda tributável**, que será usada como referência para o cálculo dos impostos devidos.

Em seguida, é necessário identificar as **alíquotas aplicáveis.** O imposto de renda corporativo nos EUA pode variar dependendo da estrutura da empresa e do estado em que está registrada. Além do **imposto de renda federal**, que segue uma tabela progressiva, cada estado pode ter suas próprias regras para a tributação de empresas, incluindo alíquotas específicas para o **income tax estadual e impostos locais**. Empresas que realizam vendas diretas ao consumidor também precisam considerar o **Sales Tax,** cuja taxa varia conforme a localização e a categoria dos produtos ou serviços vendidos.

Um aspecto fundamental da gestão tributária é a correta aplicação de **deduções e créditos fiscais,** que podem reduzir significativamente o valor devido ao governo. Pequenas empresas podem se beneficiar da **depreciação de equipamentos,** abatendo o custo de bens duráveis ao longo do tempo. Além disso, despesas operacionais como aluguel, utilitários, marketing e materiais de escritório são normalmente dedutíveis. Certos setores contam ainda com incentivos fiscais específicos, que podem incluir **isenções parciais, créditos fiscais e benefícios adicionais** para estimular determinadas atividades econômicas.

Com uma abordagem estruturada para o cálculo dos impostos, as pequenas empresas podem manter suas finanças organizadas e evitar surpresas ao longo do ano fiscal. O uso de **softwares de contabilidade** e a **consultoria de um profissional**

**especializado** são estratégias recomendadas para otimizar o planejamento tributário e garantir que todas as obrigações sejam cumpridas corretamente.

## Conclusão

Manter uma pequena empresa em conformidade com as regulamentações fiscais e legais nos Estados Unidos exige organização, planejamento e conhecimento atualizado das obrigações aplicáveis. Embora o sistema tributário e as leis empresariais possam parecer complexos, adotar boas práticas de gestão, contar com assessoria especializada e utilizar ferramentas adequadas são estratégias fundamentais para garantir o cumprimento das normas e evitar riscos desnecessários.

A conformidade não apenas protege o negócio contra penalidades e complicações legais, mas também fortalece sua credibilidade e viabiliza um crescimento sustentável. Ao estruturar processos sólidos de gestão tributária e regulatória, os empresários podem focar no que realmente importa: o desenvolvimento de sua empresa e a construção de um futuro financeiramente saudável e competitivo.

# 6

# CONTRATAÇÃO E GESTÃO DE EQUIPES

A transição de uma operação individual para uma empresa com funcionários representa um dos momentos mais significativos na jornada de qualquer pequeno empresário. Esta mudança não apenas marca um novo capítulo no crescimento do negócio, mas também transforma fundamentalmente a natureza da gestão empresarial.

Quando você opera sozinho, cada decisão, tarefa e responsabilidade recai exclusivamente sobre seus ombros. No entanto, à medida que seu negócio cresce, torna-se evidente que o sucesso sustentável depende da capacidade de construir e gerenciar uma equipe competente. A contratação dos profissionais certos no momento adequado pode ser a diferença entre estagnação e expansão, entre sobrevivência e prosperidade.

Contratar funcionários representa muito mais que simplesmente dividir a carga de trabalho. É um investimento estratégico que pode trazer novas habilidades, perspectivas diferentes e energia renovada para sua empresa. Uma equipe bem estruturada multiplica a capacidade produtiva do negócio, permite a especialização em diferentes áreas e possibilita que você, como proprietário, foque nas decisões estratégicas em vez de se perder nas operações diárias.

No entanto, tornar-se um empregador também traz consigo um conjunto complexo de responsabilidades legais e financeiras. Você precisará navegar por um universo de regulamentações trabalhistas, gerenciar folha de pagamento, providenciar benefícios, garantir um ambiente de trabalho seguro e lidar com uma variedade de obrigações fiscais. Cada novo funcionário representa não apenas um salário, mas um investimento total que inclui impostos sobre folha de pagamento, seguros, benefícios e custos administrativos.

Este capítulo irá guiá-lo através dos aspectos fundamentais da construção e gestão de uma equipe eficaz, ajudando você a evitar armadilhas comuns e a criar uma base sólida para o crescimento sustentável do seu negócio.

## Funcionários vs. Contratados Independentes

A distinção entre funcionários (*employees)* e contratados independentes (*independent contractors*) é essencial para qualquer pequena empresa nos Estados Unidos. Essa classificação impacta diretamente as obrigações fiscais, as responsabilidades legais e os custos operacionais do negócio. Tomar a decisão correta desde o início evita penalidades e problemas futuros com o IRS.

### Diferenças Fundamentais

Os funcionários trabalham sob a direção da empresa, que determina não apenas as tarefas, mas também como elas devem ser executadas. Eles têm um vínculo empregatício formal, geralmente recebendo benefícios e seguindo um horário fixo. Por outro lado, os contratados independentes possuem autonomia sobre seus métodos de trabalho, definem seus próprios horários e podem atender a múltiplos clientes.

O IRS utiliza três critérios principais para classificar corretamente um trabalhador:

- **Controle Comportamental**: Funcionários recebem treinamento e seguem procedimentos internos, enquanto contratados independentes utilizam seus próprios métodos.
- **Controle Financeiro**: Se o negócio fornece equipamentos e cobre custos, o trabalhador tende a ser um funcionário. Caso o profissional invista em suas ferramentas e assuma riscos financeiros, ele é um contratado independente.
- **Natureza do Relacionamento:** Funcionários têm um vínculo contínuo e recebem benefícios. Contratados independentes trabalham por projeto, sem acesso a benefícios da empresa.

## Benefícios e Riscos

A escolha entre um funcionário e um contratado independente tem vantagens e desafios distintos.

### Funcionários

Vantagens:

- Maior controle sobre a execução do trabalho.
- Lealdade e comprometimento.
- Desenvolvimento de uma cultura empresarial consistente.

Desvantagens:

- Custos elevados com impostos e benefícios.
- Responsabilidades trabalhistas mais complexas.
- Necessidade de gestão mais próxima e treinamento constante.

## Contratados Independentes

Vantagens:

- Redução de custos operacionais.
- Flexibilidade para contratar conforme a demanda.
- Menos burocracia e encargos trabalhistas.

Desvantagens:

- Menor controle sobre os processos e resultados.
- Possíveis riscos de classificação incorreta e penalidades do IRS.
- Rotatividade maior e menor integração com a cultura empresarial.

## Casos Práticos

A decisão entre contratar funcionários ou trabalhar com contratados independentes depende da natureza do trabalho, da duração da necessidade, do nível de controle requerido e do orçamento disponível.

- **Pequena loja de varejo:** Precisa de atendimento regular ao cliente. A melhor opção é contratar funcionários para garantir consistência nos serviços prestados.
- **Empresa de design gráfico**: A demanda varia conforme os projetos. Contratados independentes oferecem a flexibilidade necessária sem custos fixos.
- **Consultoria de TI**: Pode mesclar ambos os modelos, com uma equipe fixa para suporte contínuo e especialistas externos para projetos específicos.

Classificar corretamente os profissionais e estruturar a equipe de forma estratégica é essencial para garantir eficiência operacional e conformidade legal, equilibrando custos e necessidades do negócio.

## Passo a Passo: Como Contratar os seus Primeiros Funcionários

Agora que você já compreende os aspectos fundamentais da contratação de funcionários, é hora de avançar para a execução do processo. Embora a tarefa de contratar os primeiros colaboradores possa parecer desafiadora, a adoção de um processo bem estruturado facilita essa transição.

Neste guia, apresentamos um passo a passo para que você possa realizar as contratações de forma legal, organizada e eficiente, garantindo uma base sólida para o crescimento contínuo da sua equipe.

**1. Obtenha um Employer Identification Number (EIN)**

O primeiro passo essencial para contratar funcionários nos Estados Unidos é obter um Employer Identification Number (EIN), também conhecido como número de identificação do empregador. Este número é necessário para qualquer relatório fiscal e documentação relacionada aos funcionários. A solicitação do EIN pode ser feita de forma simples e gratuita através do site do IRS (Internal Revenue Service), e o processo geralmente é imediato. Esse número será frequentemente requisitado ao longo da gestão dos seus funcionários, por isso, é importante mantê-lo em um local seguro e de fácil acesso.

2. **Verifique as Exigências de Registro Estadual e Local**

Além do EIN, é fundamental garantir que você esteja em conformidade com os requisitos estaduais e locais. Para isso, registre sua empresa junto ao departamento do trabalho do estado onde ela está localizada. Dependendo do setor em que sua empresa atua, pode ser necessário obter licenças específicas para operar legalmente. Também é importante verificar os requisitos estaduais relativos ao seguro desemprego, além de garantir que sua empresa esteja em conformidade com as regulamentações locais específicas do município onde você opera.

3. **Elabore Descrições Claras de Cargos e Responsabilidades**

Antes de iniciar o processo de seleção de candidatos, é essencial que você tenha as descrições de cargos bem definidas. Essas descrições devem listar todas as responsabilidades principais de cada cargo, além de especificar as qualificações mínimas necessárias para o desempenho das funções. Também é importante incluir as habilidades técnicas e comportamentais desejadas, como experiência com ferramentas específicas ou capacidade de trabalhar em equipe. Detalhar as expectativas de horário e local de trabalho é outro aspecto crucial. Não se esqueça de incluir a faixa salarial e os benefícios oferecidos, como planos de saúde ou bônus de performance.

**4. Divulgue a Vaga e Selecione Candidatos**

Com as descrições dos cargos em mãos, o próximo passo é divulgar as vagas. Utilize plataformas de emprego online para alcançar um público amplo, e ative sua rede de contatos profissionais para buscar recomendações ou indicar possíveis candidatos. Se necessário, você pode recorrer a agências de recrutamento especializadas para ajudá-lo a encontrar os melhores talentos. Crie um sistema organizado para lidar com os currículos recebidos e desenvolva critérios objetivos de seleção, para garantir que o processo de escolha dos candidatos seja eficiente e justo.

**5. Realize Entrevistas e Avaliação de Antecedentes**

Ao selecionar candidatos, é importante conduzir entrevistas de forma organizada. Prepare perguntas padronizadas para todos os candidatos, a fim de garantir que você está avaliando as qualidades e habilidades necessárias de maneira justa. Durante as entrevistas, documente cuidadosamente as respostas e impressões para poder compará-las posteriormente. Além disso, não deixe de verificar as referências profissionais dos candidatos e realizar verificações de antecedentes, quando apropriado. Mantenha registros completos de todo o processo seletivo, pois isso pode ser importante para auditorias ou questões legais no futuro.

**6. Forneça uma Oferta de Emprego Formal**

Após escolher o candidato ideal, é hora de fazer uma oferta de emprego formal. Apresente a oferta por escrito, incluindo detalhes importantes como o salário, os benefícios oferecidos, e a data de início do contrato. Se a vaga envolver um período probatório, certifique-se de especificar isso na oferta. Também é importante detalhar quaisquer condições específicas de emprego, como exigências de deslocamento ou horários flexíveis, e estabelecer um prazo claro para a aceitação da oferta.

**7. Recolha os Documentos Obrigatórios**

Uma vez que o candidato aceite a oferta, será necessário coletar uma série de documentos obrigatórios para formalizar a contratação. Isso inclui o formulário W-4, que determina a retenção de impostos, e o formulário I-9, que verifica a elegibilidade de trabalho do funcionário. Além desses, o trabalhador também deve fornecer documentos de identidade e autorização de trabalho, além de quaisquer formulários estaduais específicos. Se for necessário, você pode pedir ao funcionário que assine acordos de confidencialidade ou outros documentos relacionados à proteção da informação da empresa.

**8. Cadastre-se para Retenção e Pagamento de Impostos**

Agora que você tem seus primeiros funcionários, é crucial configurar as obrigações fiscais. Registre-se para pagar impostos sobre a folha de pagamento, estabelecendo um sistema para a retenção de impostos federais e estaduais. Organize um cronograma regular para o pagamento desses impostos, garantindo que você cumpra os prazos estabelecidos pelo IRS e pelas autoridades estaduais. Mantenha registros precisos de todos os pagamentos realizados, para que você possa fornecer a documentação necessária em caso de auditorias.

**9. Configure a Folha de Pagamento**

Para garantir que seus funcionários sejam pagos corretamente e dentro dos prazos, você precisará configurar um sistema de folha de pagamento. Você pode optar por utilizar um software de folha de pagamento, que pode ser uma opção prática e econômica, ou contratar um serviço terceirizado para gerenciar os pagamentos. Defina os ciclos de pagamento — semanal, quinzenal ou mensal — e estabeleça um sistema para registrar as horas trabalhadas, se necessário. Não se esqueça de configurar deduções automáticas para benefícios como plano de saúde ou aposentadoria e implemente um sistema de backup para proteger os dados financeiros da empresa.

**10. Crie um Programa de Integração e Treinamento**

Por fim, é fundamental garantir que os seus novos funcionários sejam integrados de maneira eficaz à empresa. Desenvolva um manual do funcionário que inclua as políticas e os procedimentos da empresa. Prepare uma documentação clara sobre as expectativas comportamentais, normas de segurança e outros aspectos importantes da cultura organizacional. Crie um checklist de treinamento inicial, para garantir que todos os funcionários recebam a formação necessária. Atribua um mentor ou supervisor para acompanhar o progresso do novo funcionário e estabeleça marcos de avaliação para o período probatório, de modo que você possa avaliar seu desempenho de maneira contínua.

Seguindo esses passos com atenção e organização, você garantirá que o processo de contratação seja eficiente, legal e adequado às necessidades da sua empresa. A documentação e a execução cuidadosa de cada etapa são essenciais para evitar problemas legais e operacionais no futuro, permitindo que sua equipe cresça de forma sólida e estruturada.

## Passo a Passo: Como Contratar Independent Contractors

O processo de contratação de *Subcontractors* e *independent contractors* também deve seguir padrões rígidos de controle e organização.

O primeiro passo é solicitar toda a documentação pertinente para manter o devido controle e compliance. A documentação inclui:

a. **Form W-9** devidamente preenchido e assinado pelo contratado.

b. **Business Card** – solicitar uma cópia do cartão de visitas do prestador de serviço

c. **Flyer, advertisement, brochure** – solicitar material de divulgação do prestador de serviço.

d. **Independent Contractor Agreement** - Contrato de Prestação de Serviços devidamente preenchido e assinado.

e. **Business or Professional License** – cópia da licença empresarial ou profissional do prestador de serviço, se for o caso de atividade licenciada nos EUA.

f. **Sales Tax Certificate** – se for o caso.

g. **Link para o website da empresa** ou prestador de serviço.

Além disso, é super importante solicitar cópia do Insurance, do seguro de responsabilidade profissional, resguardando assim a sua empresa de responsabilidades inerentes ao serviço executado por contratados independentes.

E por fim, insista para que todos os seus *Subcontractors e Independent contractors* forneça toda a documentação mencionada acima antes de você executar o primeiro pagamento e inclua isso como cláusula contratual. Isso evitará inúmeros aborrecimentos.

São vários os casos de empresários que não cumprem com as formalidades e recebem multas altíssimas. No caso de contratação de um *Independent Contractor* que não fornece o W-9, por exemplo, a empresa contratante precisa reter 24% da remuneração e encaminhar para o IRS. **Isso é lei e a responsabilidade recai sobre o contratante.**

## Payroll: A Folha de Pagamento nos EUA

A folha de pagamento (*payroll*) nos Estados Unidos é um sistema complexo que vai muito além de simplesmente pagar salários aos funcionários. Ela engloba o processamento de pagamentos, cálculo de impostos, gestão de benefícios e manutenção de registros em conformidade com as leis trabalhistas federais e estaduais. A importância de um sistema de folha de pagamento bem gerido é clara, pois ele garante a conformidade legal com as regulamentações trabalhistas, mantém os funcionários satisfeitos com pagamentos pontuais e precisos, facilita o planejamento financeiro da empresa, evita multas e penalidades por erros nos impostos, e fornece dados essenciais para a tomada de decisões.

## Componentes Essenciais do Payroll

A folha de pagamento é composta por vários elementos essenciais. O primeiro deles são os salários *(wages)*, que incluem o salário-base (bruto), além de outras compensações, como horas extras (que devem ser pagas com um adicional de 50% sobre a taxa normal após 40 horas semanais), comissões e bônus, pagamentos por férias e feriados, e licenças remuneradas.

Outro componente importante são os benefícios. Dependendo da empresa, os funcionários podem receber benefícios como plano de saúde, seguro de vida, plano de aposentadoria (como o 401k), benefícios odontológicos e oftalmológicos, programas de bem-estar e até reembolso de despesas. Ressaltando que, em vários estados, os benefícios não são obrigatórios e se tornam instrumentos para a retenção de bons empregados.

Além dos salários e benefícios, a folha de pagamento também inclui as deduções, que podem ser de vários tipos. Entre elas estão os impostos federais, como o Federal Income Tax, as contribuições para o Seguro Social (Social Security) e o

Medicare, impostos estaduais, contribuições para benefícios e descontos autorizados pelo próprio funcionário.

## Sistemas e Serviços de Terceirização

Existem diversas opções para o processamento da folha de pagamento, e a escolha depende do tamanho da empresa e dos recursos disponíveis. Uma opção é o uso de softwares internos, como QuickBooks Payroll, ADP, Gusto e Paychex. Esses programas permitem que a empresa gerencie a folha de pagamento internamente, o que pode ser vantajoso para empresas menores ou com maior controle administrativo.

Por outro lado, a terceirização do processamento da folha de pagamento também é uma opção popular. Nesse caso, empresas especializadas cuidam do processamento completo, da gestão dos benefícios, da geração de relatórios fiscais e da conformidade legal. A terceirização tem várias vantagens, como a redução de erros, a economia de tempo, a expertise especializada, a garantia de conformidade com as regulamentações fiscais e trabalhistas, e o suporte contínuo, o que pode ser um alívio para as empresas que preferem focar em outras áreas.

## Frequência e Formas de Pagamento

A frequência com que os funcionários são pagos varia nos Estados Unidos. As opções mais comuns são o pagamento semanal, quinzenal, bi-mensal e mensal. O pagamento semanal é mais comum em setores como construção e manufatura, mas tende a ter um custo de processamento maior. Já o pagamento quinzenal é a opção mais popular no país, proporcionando uma boa combinação entre a conveniência para a empresa e a facilidade de planejamento financeiro. O pagamento bi-mensal, que envolve 24 pagamentos anuais, tem datas fixas e facilita o processamento para as empresas. O pagamento mensal, por outro lado, é menos comum para funcionários regulares e mais utilizado para gestores e executivos.

Quanto às formas de pagamento, o depósito direto é o mais comum e recomendado, pois é uma forma segura, eficiente e prática para ambas as partes. No entanto, também existem outras opções, como cheques físicos, cartões de pagamento e transferências bancárias, cada uma com suas particularidades, dependendo do que for mais conveniente para o funcionário e para a empresa.

A escolha do sistema e método de pagamento depende do tamanho da empresa, da complexidade das operações e dos recursos disponíveis. Independentemente da escolha, é essencial garantir que todos os registros sejam mantidos de forma precisa e que a empresa esteja em conformidade com as regulamentações fiscais e trabalhistas.

## Impostos sobre a Folha de Pagamento (Payroll Taxes)

### Principais Impostos Federais e Estaduais

A folha de pagamento nos Estados Unidos está sujeita a diversos impostos federais e estaduais, que devem ser calculados, retidos e recolhidos regularmente. Entre os principais impostos federais, destacam-se o Federal Income Tax e o State Income Tax.

O **Federal Income Tax** é retido diretamente do salário do funcionário, com base nas informações do formulário W-4 e nas tabelas fornecidas pelo IRS. O valor retido varia conforme a faixa salarial e deve ser recolhido a cada período de pagamento. Já o **State Income Tax** varia dependendo do estado, pois alguns estados não cobram imposto de renda estadual. As regulamentações, os métodos de cálculo e as alíquotas diferem de estado para estado, e os empregadores devem garantir que as declarações e os pagamentos sejam feitos de acordo com as exigências locais.

## Social Security e Medicare (FICA)

Do lado das contribuições para a seguridade social, temos o **Social Security Tax** e o **Medicare Tax,** que fazem parte do sistema FICA (Federal Insurance Contributions Act*)*. O **Social Security Tax** é de 12.4% do salário, sendo que o empregador e o empregado pagam 6.2% cada um. Esse imposto possui um limite de base salarial, que é ajustado anualmente. Já o **Medicare Tax** é de 2.9% do salário, sendo igualmente dividido entre empregador e empregado, com cada um pagando 1.45%. A principal diferença é que o Medicare não possui limite de base salarial e, para salários mais altos, (acima de $200,000), existe uma taxa adicional de 0.9%.

## Federal Unemployment Tax Act (FUTA) e Impostos Estaduais

Além dos impostos sobre a renda, os empregadores também devem pagar o **Federal Unemployment Tax Act** (FUTA). O

FUTA é pago integralmente pelo empregador e tem uma taxa base de 6.0% sobre os primeiros $7,000 de cada funcionário. Contudo, os empregadores podem receber um crédito de até 5.4% caso paguem impostos estaduais de desemprego, o que reduz a taxa efetiva para cerca de 0.6%. O pagamento do FUTA é trimestral, se devido. Por sua vez, o **State Unemployment Tax Act**(SUTA) varia consideravelmente de estado para estado, com taxas determinadas pelo histórico de demissões da empresa. Assim como o FUTA, o SUTA é responsabilidade exclusiva do empregador, e seu valor pode impactar o crédito do FUTA. Cada estado tem requisitos específicos para o pagamento do SUTA.

## Obrigações do Empregador e Penalidades

Os empregadores têm uma série de responsabilidades quando se trata de impostos sobre a folha de pagamento. A principal obrigação é garantir o **cálculo correto** dos impostos, o que inclui a manutenção de registros precisos, a aplicação das taxas apropriadas e a observação de limites e exceções. Além disso, é essencial realizar a **retenção adequada** dos valores devidos, garantindo que os impostos sejam devidamente retidos e separados, com a documentação necessária. Por fim, o pagamento pontual das obrigações fiscais é crucial. O empregador deve respeitar os prazos de recolhimento e utilizar métodos aprovados para o pagamento dos impostos, mantendo sempre comprovantes dos pagamentos realizados.

A não conformidade com essas obrigações pode resultar em penalidades severas. As **multas financeiras** variam entre 2% e 15% por atraso no pagamento, podendo chegar a 100% em casos de não pagamento. Erros no relatório também podem acarretar em multas, com valores que podem variar. Além disso, há **penalidades criminais** para evasão fiscal intencional, fraude ou não recolhimento das retenções de impostos. As consequências adicionais incluem **auditorias fiscais**, danos à reputação da empresa e, em casos extremos, **a responsabilidade pessoal** dos donos ou executivos da empresa.

## As Melhores Práticas

Para evitar problemas com os impostos sobre a folha de pagamento, é importante seguir algumas melhores práticas. O uso de software especializado pode facilitar o cálculo correto dos impostos e o cumprimento das obrigações fiscais. Além disso, manter registros organizados e estabelecer um calendário de obrigações fiscais pode ajudar a garantir que nada seja esquecido. Caso necessário, consultar profissionais especializados também é uma excelente prática, já que a legislação fiscal pode mudar frequentemente. Finalmente, é essencial monitorar mudanças na legislação e ajustar os processos da empresa conforme necessário.

## Checklist: Documentos Necessários para Contratação

A contratação de novos colaboradores é um processo que exige atenção aos detalhes, especialmente no que diz respeito à documentação necessária. Nos Estados Unidos, a gestão adequada dos documentos de contratação não apenas garante a conformidade com as leis trabalhistas, mas também protege a empresa de possíveis penalidades e litígios. Abaixo, apresentamos um checklist detalhado dos documentos essenciais para a contratação de funcionários.

## Formulários Obrigatórios

Dois dos formulários mais importantes no processo de contratação são o W-4 e o I-9. O Formulário W-4, fornecido pelo Internal Revenue Service (IRS), é utilizado para determinar a retenção de impostos federais sobre a renda do funcionário. Já o Formulário I-9, exigido pelo U.S. Citizenship and Immigration Services (USCIS), verifica a elegibilidade do empregado para trabalhar nos Estados Unidos. O empregador deve assegurar que o funcionário preencha o I-9 no primeiro dia de trabalho e que os documentos de identificação apresentados sejam autênticos e válidos. Além desses, dependendo do estado, podem ser necessários formulários adicionais, como o W-9 para contratados independentes ou o Estado-Specific Withholding Forms para retenção de impostos estaduais.

## Documentos Adicionais Dependendo do Estado e Setor

Além dos formulários federais, é crucial estar ciente das exigências específicas de cada estado e setor. Por exemplo, alguns estados exigem a assinatura de formulários de divulgação de salários ou acordos de confidencialidade. Para setores regulamentados, como saúde ou transporte, podem ser necessárias verificações adicionais, como licenças profissionais, certificações ou exames médicos. Empresas que operam em múltiplos estados devem adaptar seus processos de contratação para atender às regulamentações locais, o que pode incluir a apresentação de documentos como o State New Hire Reporting Form.

## Registros Internos e Auditoria de Conformidade

Manter registros organizados e acessíveis é fundamental para garantir a conformidade e facilitar auditorias. Todos os documentos de contratação devem ser armazenados de forma segura, seja física ou digitalmente, e mantidos pelo período exigido por lei (geralmente três anos após a contratação ou um ano após o término do emprego, dependendo do documento). Realizar auditorias internas periódicas ajuda a identificar e corrigir possíveis lacunas no processo de documentação, garantindo que a empresa esteja sempre em conformidade com as normas federais e estaduais. Além disso, é recomendável manter um manual de políticas de contratação atualizado, que sirva como guia para a equipe de recursos humanos e gestores.

Em resumo, a documentação adequada durante o processo de contratação não apenas cumpre as obrigações legais, mas também estabelece uma base sólida para a gestão eficiente da equipe. Ao seguir este checklist, as pequenas empresas podem minimizar riscos e garantir um início de relação profissional transparente e organizado.

## Templates e Recursos Práticos

A gestão eficiente de recursos humanos em pequenas empresas depende não apenas de processos bem estruturados, mas também da utilização de ferramentas e modelos que simplifiquem tarefas cotidianas. Abaixo, exploramos alguns recursos práticos que podem ser implementados para otimizar a contratação e a gestão de equipes, incluindo um modelo básico de contrato de trabalho, diretrizes para a criação de um manual do funcionário e sugestões de ferramentas de RH.

## Modelo Básico de Contrato de Trabalho

Um contrato de trabalho bem elaborado é essencial para estabelecer as expectativas entre empregador e empregado, além de proteger os direitos de ambas as partes. Um modelo simplificado pode incluir as seguintes seções:

1. **Identificação das Partes:** Nomes completos da empresa e do funcionário, cargo e data de início.
2. **Descrição das Funções**: Responsabilidades e deveres específicos do cargo.
3. **Remuneração e Benefícios**: Salário base, frequência de pagamento, bônus, seguro saúde, férias e outros benefícios.
4. **Horário de Trabalho**: Jornada esperada, incluindo horas extras e políticas de trabalho remoto, se aplicável.
5. **Duração do Contrato**: Se é por prazo determinado ou indeterminado.
6. **Termos de Rescisão:** Condições para demissão ou pedido de demissão, incluindo períodos de aviso prévio.
7. **Cláusulas de Confidencialidade e Não Concorrência:** Proteção de informações sensíveis da empresa e restrições pós-emprego, se necessário.

8. **Assinaturas:** Espaço para assinaturas do empregador e do funcionário, com data.

Esse modelo pode ser adaptado conforme as necessidades específicas da empresa e as regulamentações estaduais.

## Manual do Funcionário (O que incluir e sua Importância)

O manual do funcionário é um documento fundamental para comunicar as políticas, valores e expectativas da empresa. Ele serve como um guia de referência para os colaboradores e ajuda a garantir consistência nas práticas de gestão. Um manual eficaz deve incluir:

1. **Introdução e Missão da Empresa:** Visão, valores e objetivos organizacionais.
2. **Políticas de Contratação:** Processos de admissão, período de experiência e avaliações de desempenho.
3. **Benefícios e Compensações:** Detalhes sobre salário, férias, licenças, seguro saúde e outros benefícios.
4. **Código de Conduta**: Normas de comportamento, políticas de vestimenta e uso de recursos da empresa.
5. **Políticas de Segurança e Saúde**: Procedimentos de emergência, segurança no local de trabalho e prevenção de assédio.
6. **Processos Disciplinares:** Diretrizes para lidar com violações de políticas e resolução de conflitos.
7. **Aviso Legal**: Declaração de que o manual não é um contrato de trabalho e está sujeito a alterações.

Um manual bem elaborado não apenas orienta os funcionários, mas também protege a empresa em caso de disputas trabalhistas.

## Sugestões de Ferramentas e Serviços para Gestão de RH

Para simplificar a gestão de recursos humanos, pequenas empresas podem recorrer a ferramentas e serviços especializados. Algumas opções populares incluem:

1. **Plataformas de Recrutamento:** Ferramentas como Indeed, Linkedin e ZipRecruiter facilitam a publicação de vagas e a triagem de candidatos.
2. **Software de Gestão de Ponto:** Sistemas como Gusto, QuickBooks Time ajudam a controlar horas trabalhadas, folgas e pagamentos.
3. **Ferramentas de Comunicação Interna**: Aplicativos como Slack e Microsoft Teams promovem a colaboração e a comunicação entre equipes.
4. **Serviços de Folha de Pagamento:** Soluções como ADP e Paychex automatizam cálculos de salários, impostos e benefícios.
5. **Plataformas de Treinament**o: Ferramentas como TalentLMS e Coursera for Business oferecem cursos e treinamentos para o desenvolvimento de habilidades.

Ao investir nesses recursos, as pequenas empresas podem economizar tempo, reduzir erros e focar no crescimento do negócio. Em resumo, a combinação de modelos bem estruturados, manuais claros e ferramentas eficientes cria uma base sólida para a gestão de equipes, garantindo conformidade, transparência e eficiência operacional.

## Conclusão

A transição de uma operação individual para uma empresa com funcionários é um marco significativo no crescimento de qualquer pequeno negócio. Esse passo não apenas amplia a capacidade produtiva, mas também redefine a dinâmica da gestão empresarial. Contratar e gerenciar uma equipe competente é um investimento estratégico que traz novas habilidades, perspectivas e energia para o negócio, permitindo que o empreendedor se concentre em decisões de maior impacto.

No entanto, tornar-se um empregador envolve responsabilidades complexas, desde o cumprimento de regulamentações trabalhistas e fiscais até a criação de um ambiente de trabalho seguro e produtivo. Este capítulo destacou os pilares essenciais para construir e gerenciar uma equipe eficaz, desde a distinção entre funcionários e contratados independentes até o passo a passo detalhado para a contratação de colaboradores. Além disso, abordamos a importância de sistemas de folha de pagamento bem estruturados, a gestão de impostos e a documentação necessária para garantir conformidade legal.

A utilização de modelos práticos, como contratos de trabalho e manuais do funcionário, aliada a ferramentas modernas de gestão de RH, simplifica processos e reduz riscos. Ao seguir as diretrizes apresentadas, pequenas empresas podem criar uma base sólida para o crescimento sustentável, equilibrando eficiência operacional, conformidade legal e a construção de uma cultura organizacional forte. Em última análise, a contratação e gestão de equipes não são apenas uma necessidade operacional, mas uma oportunidade estratégica para impulsionar o sucesso do negócio.

# 7

# MARKETING E VENDAS

Quando começamos um negócio, o primeiro movimento que fazemos em busca de clientes é anunciar a oportunidade para as pessoas que já conhecemos, como amigos, familiares, clientes passados. Considerando que estamos falando de pequenos negócios, e é possível que você não tenha iniciado com um capital abundante para investimentos, essa é, de fato, uma boa estratégia.

Também é verdade, no entanto, que as possibilidades da sua rede pessoal de contatos, por melhores que sejam, vão se esgotar muito rápido. A situação em que o empresário se encontra quando os benefícios da rede de contatos se esgotam, é a própria realidade do empreendedor. Apenas você, seu produto ou serviço, e toda a inteligência que se conseguir empregar para convencer estranhos de que o que você vende vale a pena.

É nesse momento que, mais do que nunca, o Marketing deve entrar no seu negócio como o conjunto de estratégias e ações para atrair, conquistar e manter clientes, a forma mais eficaz de promover seus produtos e serviços.

## Construindo uma Estratégia de Marketing Digital

O marketing digital é o conjunto de estratégias e ações promocionais realizadas por meio de canais online, como websites, redes sociais, e-mails, mecanismos de busca e plataformas de publicidade digital. Para pequenas empresas nos EUA, onde a concorrência é acirrada e os consumidores estão cada vez mais conectados, o marketing digital não é apenas uma opção, mas uma necessidade. Ele permite que negócios de todos os tamanhos alcancem seu público-alvo de forma eficiente, com custos menores e resultados mensuráveis.

Ao contrário do marketing tradicional, o digital oferece a vantagem de segmentação precisa, permitindo que pequenas empresas direcionem suas mensagens para o público certo, no momento certo. Além disso, ferramentas analíticas possibilitam medir o desempenho das campanhas em tempo real, ajustando estratégias para maximizar o retorno sobre o investimento (ROI).

## Passos para Criar uma Estratégia Eficaz

### Definição de Objetivos Claros

O primeiro passo para construir uma estratégia de marketing digital eficaz é definir objetivos claros e mensuráveis. Sem metas bem estabelecidas, fica difícil avaliar o sucesso das ações. Exemplos de objetivos comuns para pequenas empresas incluem:

1. **Aumento de vendas**: Atrair novos clientes e impulsionar o faturamento.
2. **Engajamento**: Melhorar a interação com o público nas redes sociais ou por e-mail.
3. **Reconhecimento de marca:** Aumentar a visibilidade e a autoridade da empresa no mercado.

É importante que os objetivos sejam SMART (Específicos, Mensuráveis, Atingíveis, Relevantes e Temporais). Por exemplo, em vez de dizer "quero mais vendas", defina "aumentar as vendas em 20% nos próximos seis meses".

## Identificação do Público-Alvo (Personas e Segmentação)

Conhecer o público-alvo é fundamental para qualquer estratégia de marketing. Pequenas empresas devem criar personas, que são representações fictícias dos clientes ideais, baseadas em dados demográficos, comportamentais e psicográficos.

Por exemplo, uma pequena loja de roupas sustentáveis nos EUA pode ter como persona "*Eco-Friendly Emily*", uma mulher de 25 a 35 anos, moradora de áreas urbanas, que valoriza moda ética e está disposta a pagar mais por produtos sustentáveis.

A segmentação do público permite personalizar as mensagens e escolher os canais mais adequados para alcançá-los. Ferramentas como Google Analytics e Facebook Insights podem ajudar a coletar dados sobre o comportamento do público.

## Análise da Concorrência e Diferenciais Competitivos

Antes de lançar uma estratégia de marketing digital, é essencial entender o que a concorrência está fazendo. Uma análise competitiva ajuda  identificar as oportunidades e as ameaças no mercado.

Identifique os principais concorrentes: Quem são as empresas que disputam o mesmo público?

Analise seus pontos fortes e fracos: Quais são canais que eles utilizam? Como é o engajamento com o público?

Destaque seus diferenciais: O que sua empresa oferece que os concorrentes não oferecem?

Por exemplo, se você administra uma pequena cafeteria, seu diferencial pode ser o uso de ingredientes orgânicos ou um ambiente acolhedor para trabalho remoto. Esses diferenciais devem ser destacados em suas campanhas de marketing.

## Canais Digitais Mais Relevantes

A escolha dos canais digitais certos é crucial para o sucesso da estratégia. Aqui estão os principais canais que pequenas empresas devem considerar:

**Website**: É a "casa" da sua marca online. Um site bem projetado, responsivo e otimizado para SEO (Search Engine Optimization) é essencial para atrair tráfego orgânico.

**Redes Sociais:** Plataformas como Instagram, Facebook, LinkedIn e TikTok são ideais para engajar o público e promover produtos ou serviços.

**SEO**: A otimização para mecanismos de busca ajuda a melhorar a visibilidade do site nos resultados do Google, atraindo tráfego qualificado.

**Conteúdo:** *Blog posts*, vídeos, infográficos e e-books são excelentes para educar o público e estabelecer autoridade no mercado.

**E-mail Marketing**: Uma ferramenta poderosa para nutrir *leads* e manter contato com clientes existentes.

A escolha dos canais deve ser baseada no comportamento do público-alvo. Por exemplo, se seu público é jovem e visual, o Instagram e o TikTok podem ser mais eficazes. Se o foco é B2B *(business-to-business)*, o Linkedin pode ser a melhor opção.

## Exemplos Práticos: Casos de Pequenas Empresas que Cresceram com Estratégias Digitais

**Caso 1: Warby Parker**

A Warby Parker, uma marca de óculos que começou como uma pequena empresa, utilizou estratégias de marketing digital para se destacar em um mercado dominado por grandes players. Eles investiram em conteúdo educativo sobre saúde ocular, campanhas de e-mail marketing personalizadas e um site intuitivo que permitia aos clientes "experimentar" óculos virtualmente.

**Caso 2: The Sill**

The Sill, uma pequena empresa de plantas e acessórios para jardinagem, cresceu exponencialmente graças ao uso estratégico do Instagram. Eles criaram conteúdo visualmente atraente, como fotos de plantas em ambientes decorados, e usaram hashtags específicas para alcançar entusiastas de jardinagem. Além disso, investiram em anúncios patrocinados para ampliar seu alcance.

**Caso 3: Beardbrand**

Beardbrand, uma marca de cuidados para barba, começou como um pequeno negócio e se tornou um sucesso nacional graças ao marketing digital. Eles criaram um blog com dicas sobre cuidados com a barba, vídeos no YouTube e uma forte presença nas redes sociais, conquistando uma base de fãs fiéis.

## Desenvolvimento de Marca e Posicionamento no Mercado

*Branding* é o processo de construção e gestão da identidade de uma marca, englobando elementos visuais, verbais e emocionais que a diferenciam no mercado. Para pequenas empresas, o branding é crucial porque cria uma conexão emocional com o público, aumenta o reconhecimento e estabelece credibilidade. Em um mercado competitivo como o dos EUA, onde os consumidores têm inúmeras opções, uma marca forte pode ser o diferencial que atrai e fideliza clientes.

A construção de uma identidade visual e verbal consistente é a base do branding. Isso inclui o design do logo, a paleta de cores, a tipografia e o tom de voz usado nas comunicações. Por exemplo, uma marca de produtos naturais pode optar por cores terrosas e um tom de voz amigável e informativo, enquanto uma empresa de tecnologia pode preferir designs minimalistas e um tom mais profissional.

## Elementos-Chave de uma Marca Forte

**Logo:** O símbolo visual que representa a empresa. Deve ser simples, memorável e versátil para uso em diferentes plataformas.

**Cores:** A paleta de cores deve refletir a personalidade da marca e evocar as emoções certas. Por exemplo, o azul transmite confiança, enquanto o verde está associado à natureza e sustentabilidade.

**Tipografia**: A escolha das fontes deve alinhar-se à identidade da marca. Fontes serifadas passam seriedade, enquanto fontes sans-serif são modernas e limpas.

**Tom de Voz:** A maneira como a marca se comunica com o público. Pode ser formal, descontraído, inspirador ou técnico, dependendo do público-alvo.

**Valores e Missão**: Os princípios que guiam a empresa devem ser claros e autênticos, ajudando a construir confiança e lealdade.

## Posicionamento de Mercado

Posicionamento é a forma como uma marca é percebida pelo público em relação à concorrência. Para pequenas empresas, destacar-se em um nicho específico é uma estratégia eficaz. Isso pode ser feito através de:

**Especialização:** Oferecer produtos ou serviços únicos que atendam a necessidades específicas.

**Histórias autênticas:** Compartilhar a jornada da empresa e seus valores para criar conexões emocionais.

**Experiência do cliente:** Garantir um atendimento excepcional e personalizado.

**Exemplos de pequenas empresas que se posicionaram com sucesso:**

**Allbirds**: Uma marca de calçados sustentáveis que se destacou ao focar em materiais ecológicos e conforto, conquistando consumidores conscientes.

**Glossier:** Uma marca de beleza que cresceu ao adotar um tom de voz descontraído e envolver seus clientes no desenvolvimento de produtos.

**Patagonia**: Embora não seja mais uma pequena empresa, começou como uma e se posicionou como defensora do meio ambiente, atraindo consumidores que compartilham seus valores.

# Estratégias de Campanhas de Vendas e Retenção de Clientes

## Campanhas de Vendas Eficazes

Para pequenas empresas, campanhas de vendas bem planejadas são essenciais para impulsionar o faturamento e atrair novos clientes. O primeiro passo é definir metas claras e métricas (KPIs) para medir o sucesso. Por exemplo, uma meta pode ser "aumentar as vendas em 15% no próximo trimestre", com KPIs como taxa de conversão, ticket médio e custo por aquisição de cliente (CAC).

Algumas técnicas eficazes para campanhas de vendas incluem:

**Descontos e Promoções:** Oferecer descontos por tempo limitado, ou em ocasiões especiais, como feriados ou aniversários da empresa, pode gerar um senso de urgência e atrair compradores.

**Bundles (Pacotes):** Combinar produtos ou serviços em pacotes com preços especiais aumenta o valor percebido e incentiva os clientes a gastarem mais.

**Frete Grátis:** Essa estratégia é especialmente eficaz no e-commerce, onde os custos de envio podem ser um obstáculo para a compra.

Um exemplo prático é a pequena empresa de cosméticos Burt's Bees, que utiliza promoções sazonais e bundles de produtos para aumentar as vendas durante datas como a Black Friday.

## Retenção de Clientes

Fidelizar clientes é tão importante quanto conquistar novos, especialmente para pequenas empresas, onde o custo de aquisição de um novo cliente pode ser alto. Clientes fiéis não apenas compram repetidamente, mas também se tornam defensores da marca, indicando-a para amigos e familiares.

### Estratégias eficazes para retenção incluem:

**Programas de Fidelidade:** Oferecer pontos, descontos ou recompensas exclusivas para clientes frequentes. Por exemplo, uma cafeteria pode oferecer um café grátis após dez compras.

**Atendimento Personalizado**: Conhecer os clientes pelo nome, lembrar de suas preferências e oferecer recomendações personalizadas cria uma experiência memorável.

**Pós-Venda:** Manter contato após a compra, seja com e-mails de agradecimento, pesquisas de satisfação ou dicas de uso do produto, mostra que a empresa se importa com o cliente.

Um exemplo de sucesso é a marca de roupas Everlane, que mantém seus clientes engajados com transparência sobre seus processos de produção e ofertas exclusivas para quem já comprou.

## Uso de CRM (Customer Relationship Management)

Um sistema de CRM é uma ferramenta poderosa para gerenciar relacionamentos com clientes. Ele ajuda a armazenar informações como histórico de compras, preferências e interações, permitindo que a empresa personalize suas comunicações e ofereça um atendimento mais eficiente.

Para pequenas empresas, existem opções acessíveis e fáceis de usar, como:

- **HubSpot CRM:** Oferece uma versão gratuita com funcionalidades básicas, como gerenciamento de contatos e automação de e-mails.
- **Zoho CRM**: Uma solução completa com planos acessíveis, ideal para empresas que estão crescendo.
- **Salesforce Essentials**: Projetado para pequenos negócios, oferece ferramentas para gerenciar vendas e atendimento ao cliente.

Essas ferramentas permitem que pequenas empresas automatizem tarefas repetitivas, como envio de e-mails de follow-up, e foquem em construir relacionamentos duradouros com seus clientes.

## Formação de Preços Competitivos

### Fatores a Considerar na Formação de Preços

Definir o preço certo para produtos ou serviços é um dos desafios mais importantes para pequenas empresas. Um preço muito alto pode afastar clientes, enquanto um preço muito baixo pode comprometer a rentabilidade. Para encontrar o equilíbrio, é essencial considerar:

**Custos Fixos e Variáveis:**

- Custos fixos são despesas que não mudam com o volume de vendas, como aluguel, salários e equipamentos.
- Custos variáveis dependem da produção ou venda, como matéria-prima, embalagens e comissões.
- O preço deve cobrir todos os custos e ainda gerar lucro. Por exemplo, se o custo total de um produto é $20 e a margem de lucro desejada é 30%, o preço de venda deve ser $ 28,57. Importante: Não confundir fator de mark-up com o lucro. Lucro é o que sobra de resultado após deduzir os custos e despesas.

**Concorrência e Percepção de Valor pelo Cliente:**

- Analisar os preços praticados pela concorrência ajuda a posicionar sua oferta de forma competitiva.
- A percepção de valor pelo cliente também é crucial. Se o cliente acredita que seu produto ou serviço oferece um benefício único, ele estará disposto a pagar mais.

## Estratégias de Precificação

**Precificação Baseada em Valor:**

- Essa estratégia foca no valor que o cliente percebe, em vez de apenas nos custos. Por exemplo, uma pequena empresa de consultoria pode cobrar mais por um serviço personalizado que resolve problemas específicos do cliente.
- Um exemplo é a Apple, que, mesmo com custos de produção semelhantes aos concorrentes, consegue cobrar preços mais altos devido à percepção de qualidade e inovação.

### Precificação Psicológica

A precificação psicológica é uma estratégia que visa influenciar a percepção do consumidor sobre o preço de um produto ou serviço, aproveitando o comportamento subconsciente e as reações emocionais dos compradores.

### Técnicas de Precificação Psicológica

- **Preço com Terminação em Nove** ($9,99 em vez de $10)

  Uma das técnicas mais comuns é o uso de preços terminados em 9, como $9,99 em vez de $10. Embora a diferença seja apenas de um centavo, os consumidores tendem a perceber o valor como sendo significativamente menor. Isso ocorre porque o cérebro faz uma leitura do preço a partir da primeira cifra, e $9,99 é interpretado de forma mais vantajosa, criando uma sensação de barganha.

- **Descontos com Ênfase nas Economias**

  Ao apresentar um produto com desconto, em vez de informar o preço original, muitos vendedores destacam o quanto o cliente "está economizando". Por exemplo, "Economize $50" ao invés de "Agora custa $200". Essa técnica tira o foco do preço total e coloca a atenção na economia, o que cria a percepção de um ótimo negócio. A ênfase na economia faz com que o consumidor sinta que está fazendo uma compra inteligente, mesmo que o preço final seja ainda elevado.

## Impacto no Comportamento do Consumidor

Essas estratégias não se baseiam apenas em lógica racional, mas em como o cérebro processa informações num nível mais emocional. O uso dessas táticas pode gerar um maior apelo psicológico e aumentar a probabilidade de compra.

**Ajustes de Preços ao Longo do Tempo**

Os preços não devem ser estáticos. Pequenas empresas precisam estar preparadas para ajustá-los em resposta a mudanças no mercado ou nos custos.

1. **Mudanças nos Custos:**

   - Aumentos nos custos de matéria-prima, logística ou mão de obra podem exigir reajustes nos preços.

   - É importante comunicar essas mudanças aos clientes de forma transparente, destacando os motivos.

2. **Mudanças no Mercado:**

   - Se a concorrência reduzir preços ou surgirem novos players, pode ser necessário revisar sua estratégia.

   -Por outro lado, se sua marca ganhar mais reconhecimento e valor percebido, um aumento de preço pode ser justificado.

3. **Exemplos de Sucesso:**

   - **Starbucks**: A empresa ajustou seus preços ao longo dos anos, justificando os aumentos com melhorias na qualidade e experiência do cliente.

   - **Everlane:** A marca de moda transparente ajustou preços com base em feedback dos clientes, mantendo sua proposta de valor de ética e sustentabilidade.

## Utilizando Ferramentas Digitais para Campanhas

O marketing digital oferece uma série de ferramentas acessíveis e eficazes para pequenas empresas atraírem e converterem clientes. Entre as mais poderosas estão o Google Ads, Facebook Ads e Email Marketing. Cada uma dessas ferramentas tem características únicas e, quando bem utilizadas, podem gerar um alto retorno sobre investimento (ROI).

## Google Ads

O Google Ads permite que empresas exibam anúncios em resultados de pesquisa e sites parceiros da rede de display. Para criar campanhas eficientes, é essencial:

- **Definir o objetivo da campanha:** seja gerar tráfego para o site, aumentar vendas ou captar leads.
- **Selecionar palavras-chave estratégicas**: use ferramentas como o Planejador de Palavras-Chave do Google para encontrar termos relevantes com bom volume de busca.
- **Criar anúncios persuasivos**: inclua um título chamativo, descrição clara e um *call to action* (CTA) objetivo.
- **Otimizar páginas de destino**: uma boa landing page aumenta a taxa de conversão e reduz custos com cliques ineficazes.

**Para maximizar o ROI:**

- **Monitore e ajuste lances regularmente.**
- **Teste diferentes versões dos anúncios (A/B testing).**
- **Use extensões de anúncio para destacar diferenciais, como telefone e localização.**

## Facebook Ads

O Facebook Ads oferece uma plataforma robusta de segmentação, permitindo que pequenas empresas alcancem públicos altamente qualificados. Para campanhas eficazes:

- **Defina o público-alvo com precisão**: segmente por idade, localização, interesses e comportamento online.
- **Crie anúncios visuais atrativos:** utilize imagens e vídeos de alta qualidade, combinados com textos curtos e objetivos.
- **Utilize o Pixel do Facebook:** essa ferramenta permite rastrear conversões e otimizar anúncios com base no comportamento do usuário.

Exemplos de campanhas bem-sucedidas incluem:

- **Promoções e ofertas exclusivas**: campanhas com prazo limitado incentivam a ação imediata.
- **Retargeting de visitantes do site:** exibir anúncios para pessoas que já demonstraram interesse aumenta a conversão.
- **Anúncios de engajamento**: enquetes e vídeos interativos aumentam a interação com a marca.

## Email Marketing

O email marketing continua sendo uma das estratégias mais eficazes para pequenas empresas. Para construir uma lista de emails de qualidade e automatizar campanhas:

- **Ofereça um incentivo para cadastro**: ebooks gratuitos, descontos ou conteúdos exclusivos atraem mais assinantes.
- **Segmente sua lista:** personalize emails com base no comportamento e interesses dos clientes.
- **Automatize o envio:** utilize fluxos de automação para nutrir leads e enviar mensagens personalizadas no momento certo.

Para melhorar a taxa de abertura e conversão:

- Use linhas de assunto curtas e chamativas.
- Evite termos que possam ativar filtros de spam.
- Teste diferentes horários e formatos de envio.

**Ferramentas Gratuitas e Pagas**

Para pequenas empresas com orçamentos limitados, algumas plataformas acessíveis são:

- **Google Ads:** oferece cupons de crédito inicial para novos anunciantes.
- **Facebook Ads Manager**: gratuito para criar e gerenciar campanhas.
- **Mailchimp**: versão gratuita para até 500 contatos.
- **Sendblue**: plano gratuito com automação de email marketing.
- **Canva**: ideal para criar imagens para anúncios.

Com o uso estratégico dessas ferramentas, pequenas empresas podem maximizar sua visibilidade online e aumentar as vendas de forma escalável e acessível.

## E-commerce e Estratégias Online para Pequenas Empresas

O e-commerce tem se tornado uma ferramenta indispensável para pequenas empresas, permitindo ampliar o alcance de mercado e reduzir custos operacionais. Com as estratégias certas e uma plataforma bem escolhida, é possível aumentar as vendas e construir um negócio sustentável online.

## Benefícios do E-commerce para Pequenas Empresas

As vendas online oferecem vantagens significativas para pequenos negócios, incluindo:

- **Alcance global**: seu negócio não fica limitado a uma localização física, podendo vender para clientes em qualquer lugar do mundo.
- **Redução de custos operacionais:** sem necessidade de aluguel de um espaço físico e com menor demanda de equipe, os custos fixos são reduzidos.
- **Maior flexibilidade e escalabilidade:** com a estrutura correta, um e-commerce pode crescer rapidamente, acompanhando a demanda do mercado.

## Plataformas de E-commerce

Existem diversas plataformas de e-commerce, cada uma com suas particularidades. Algumas das mais populares são:

- **Shopify**: fácil de usar, oferece hospedagem própria e integrações variadas, ideal para iniciantes.
- **WooCommerce:** *plugin* gratuito para WordPress, recomendado para quem já tem um site e deseja personalizar sua loja virtual.
- **BigCommerce:** robusta e escalável, indicada para negócios em crescimento.

Para escolher a melhor plataforma, é essencial considerar fatores como custo, facilidade de uso, necessidade de personalização e integrações com outros serviços.

## Estratégias para Aumentar as vendas Online

- **Otimização de UX/UI**: um site bem projetado melhora a experiência do usuário, facilitando a navegação e aumentando as taxas de conversão. Invista em um design intuitivo, carregamento rápido e checkout simplificado.
- **Uso de reviews e testimonials:** avaliações positivas de clientes anteriores ajudam a construir credibilidade e confiança, incentivando novos clientes a comprar.
- **Marketing digital integrado**: utilize SEO, redes sociais e campanhas pagas para atrair mais visitantes qualificados para a sua loja.

## Logística e Fulfillment

Uma boa gestão de entregas e estoque é essencial para a satisfação do cliente. Algumas dicas para otimizar esse processo incluem:

- **Automatização do estoque:** utilize softwares que auxiliam no controle de produtos e evitam problemas como falta ou excesso de mercadorias.
- **Escolha de parceiros logísticos confiáveis:** pesquise transportadoras que ofereçam bom custo-benefício e prazos de entrega eficientes.
- **Política de devolução clara:** um processo de troca e devolução simplificado melhora a experiência do consumidor e fortalece a reputação da marca.

Com a estratégia certa, pequenas empresas podem aproveitar o potencial do e-commerce para expandir seus negócios e alcançar novos clientes de maneira eficaz e rentável.

## Conclusão

Em um mercado competitivo, o sucesso de um pequeno negócio depende, não apenas da qualidade de seus produtos ou serviços, mas também da eficácia com que utiliza estratégias de marketing e vendas. À medida que você expande sua rede de contatos e se distancia das oportunidades iniciais, o marketing digital se torna uma ferramenta indispensável para atrair e fidelizar clientes. Desde a definição de objetivos claros até a escolha dos canais digitais certos, cada passo deve ser planejado com foco nas necessidades do seu público-alvo e nas peculiaridades do seu mercado.

Além disso, um posicionamento sólido da marca e um bom planejamento de vendas e estratégias de retenção são essenciais para garantir que sua empresa não apenas conquiste novos clientes, mas também mantenha os que já possui, transformando-os em defensores da marca. Com ferramentas digitais acessíveis e estratégias de precificação bem ajustadas, você pode otimizar os recursos do seu negócio, alcançando o equilíbrio entre competitividade e rentabilidade. O sucesso não vem da sorte, mas da capacidade de se adaptar e aplicar constantemente o que tem maior eficácia no marketing, mantendo o foco no cliente e nos objetivos da empresa.

# 8

# GESTÃO OPERACIONAL

A gestão operacional é um dos pilares centrais para o sucesso de qualquer pequena empresa. Processos bem estruturados garantem que os recursos sejam utilizados com eficiência, reduzindo desperdícios e aumentando a produtividade. Quando as operações funcionam de maneira organizada, a empresa melhora sua lucratividade, reduz custos desnecessários e cria condições para crescer de forma sustentável. Além disso, uma boa gestão operacional permite que o empreendedor tenha mais controle sobre seu negócio, evitando surpresas desagradáveis e facilitando a tomada de decisões estratégicas.

Nos Estados Unidos, pequenos negócios enfrentam desafios operacionais significativos, como a necessidade de equilibrar estoques sem comprometer o fluxo de caixa, gerenciar fornecedores e parceiros estratégicos de forma eficiente e garantir a qualidade dos produtos ou serviços. Além disso, há preocupações constantes com proteção patrimonial, contratos bem estruturados e mitigação de riscos, que podem afetar diretamente a estabilidade da empresa. Muitos empreendedores também lidam com a pressão de adotar novas tecnologias e otimizar processos sem comprometer a experiência do cliente ou a cultura da empresa.

Neste capítulo vamos explorar os principais aspectos da gestão operacional para pequenas empresas, abordando desde a organização interna dos processos até a escolha de fornecedores, controle de qualidade e proteção contra riscos.

# Processos Internos: Como Estruturar Operações Eficientes

A eficiência operacional é fundamental para o sucesso de pequenas empresas, e a estruturação de processos internos é um passo essencial para alcançar esse objetivo. Isso envolve mapeamento, padronização e automação, além de uma cultura de melhoria contínua.

## Mapeamento e Padronização de Processos

Para garantir operações eficientes, é crucial mapear e padronizar os processos internos. O **mapeamento de processos** documenta todas as etapas do fluxo de trabalho, desde o início até a finalização, ajudando a identificar pontos de melhoria e otimização.

Exemplo de mapeamento de processo em uma loja de varejo:

- **Recebimento do pedido**: A partir da solicitação do cliente, o pedido é registrado no sistema.
- **Verificação de estoque**: A disponibilidade do produto é checada no estoque.
- **Separação e embalagem**: O produto é separado e embalado de acordo com o padrão estabelecido.
- **Entrega ou retirada**: O cliente recebe o produto, seja por entrega ou por retirada na loja.

A padronização visa estabelecer procedimentos claros para garantir consistência e reduzir falhas. Ferramentas como fluxogramas e checklists são úteis para a documentação e comunicação desses processos.

## Automação e Tecnologia

A automação de processos ajuda a reduzir erros, economizar tempo e melhorar a eficiência. Sistemas como **ERPs** e **CRMs** são fundamentais para pequenas empresas que buscam otimizar suas operações.

- **ERP**: Sistemas como *Odoo* ou *Zoho* ERP centralizam informações financeiras, de estoque e vendas, proporcionando uma visão integrada do negócio.
- **CRM**: Ferramentas como *HubSpot* ou *Salesforce* ajudam na gestão de relacionamentos com clientes, automatizando tarefas como follow-ups e atendimento.
- **Automação de Tarefas:** Plataformas como *Zapier* ou *Make* conectam diferentes aplicativos, automatizando fluxos de trabalho, como o envio de e-mails ou atualização de planilhas.

A adoção dessas ferramentas não só melhora a precisão dos processos, mas também permite tomar decisões baseadas em dados confiáveis.

## Melhoria Contínua e Feedback

A melhoria contínua é um pilar essencial para manter a eficiência ao longo do tempo. O método **Kaizen**, que promove pequenas mudanças incrementais, é uma excelente abordagem para pequenas empresas.

Para implementar o **Kaizen** de maneira eficaz:

- **Envolver a equipe**: Incentivar os colaboradores a identificarem problemas e sugerirem melhorias.

- **Monitorar indicadores de desempenho:** Usar métricas como tempo de produção, taxa de erro e satisfação do cliente.
- **Realizar reuniões periódicas**: Discutir resultados, ajustar processos e celebrar conquistas.

O **feedback** constante dos clientes. e da equipe, também é fundamental para identificar áreas de melhoria e alinhar os processos com as necessidades do negócio.

## Redução de Desperdícios

O conceito de **Lean Management** visa eliminar desperdícios e otimizar o valor entregue ao cliente. Para pequenas empresas, aplicar esses princípios pode resultar em operações mais eficientes e lucrativas.

Os principais tipos de desperdício identificados pelo Lean são:

- **Superprodução**: Produção excessiva, resultando em estoques elevados.
- **Tempo de espera**: Ociosidade entre etapas de um processo.
- **Transporte desnecessário**: Movimentação excessiva de materiais ou produtos.
- **Processos ineficientes**: Etapas que não agregam valor ao cliente.

Algumas formas de reduzir desperdícios incluem:

- Implementar produção **just-in-time.**
- Reorganizar o *layout* físico para minimizar deslocamentos.
- Simplificar processos, eliminando etapas desnecessárias.

Um exemplo prático é uma padaria que conseguiu reduzir o tempo de espera dos clientes reorganizando a disposição dos produtos e treinando a equipe para agilizar o atendimento. A implementação dessas estratégias garante processos mais enxutos e aumenta a eficiência operacional.

## Gestão de Estoques, Materiais e da Cadeia de Suprimentos

A gestão eficiente de estoques e materiais é crucial para manter o equilíbrio entre custo, disponibilidade e fluxo de caixa. Existem várias abordagens para gerenciar estoques, e o uso de sistemas automatizados pode otimizar ainda mais o processo, resultando em uma operação mais ágil e eficaz.

## Abordagens de Gestão de Estoques

Existem três abordagens principais para a gestão de estoques, cada uma com seus benefícios e aplicações:

- **Estoque Mínimo:** O objetivo é manter o volume mínimo de produtos armazenados, com base na média de consumo. Essa estratégia visa reduzir os custos de armazenagem, mas garante que a empresa ainda tenha o suficiente para evitar desabastecimento.
- **Just-in-Time (JIT):** O JIT busca uma gestão mais eficiente, com entregas programadas para ocorrer exatamente no momento em que os materiais são necessários. Isso minimiza o tempo de armazenamento, mas exige uma comunicação constante e precisa com os fornecedores para evitar interrupções na produção.

•**Estoque de Segurança:** Este tipo de estoque é usado como uma reserva extra para lidar com imprevistos, como atrasos nas entregas ou flutuações inesperadas na demanda. O estoque de segurança serve para proteger a operação contra riscos de desabastecimento, garantindo a continuidade das atividades mesmo diante de imprevistos.

## Ferramentas para Controle de Estoques

A otimização de estoques é facilitada por sistemas de gestão integrados e automação. Algumas das ferramentas mais comuns como o *QuickBooks Online* (plano Plus ou Advanced) já inclui rastreamento de estoque em tempo real, com alertas de estoque baixo e atualizações automáticas conforme vendas e compras. Ideal para empresas que têm demandas mais simples.

Para pequenas empresas que precisam de mais recursos do que o QuickBooks oferece, existem excelentes opções que se conectam diretamente:

•**SOS Inventory**: integração com *QuickBooks Online,* permite rastreamento por número de série e lote, múltiplas localizações, pedidos de venda e compra, embalagem, envio, alertas automáticos e montagem de kits.

•**Fishbowl Inventory / Boxstorm:** ferramentas poderosas para gestão de estoque com integração ao QuickBooks. O Boxstorm Forever Free é uma versão gratuita que oferece escaneamento de código de barras, contagem cíclica e alertas de estoque mínimo — perfeito para começar sem custo adicional.

•**Acctivate**: oferece controle robusto de inventário, processamento de pedidos e analytics, com interface integrada ao QuickBooks e escalabilidade conforme o crescimento.

Outras opções incluem Unleashed, Cin7, SkuVault, Ordoro, dependendo do volume e do tipo de negócio (varejo, e-commerce, distribuição etc.)

## Riscos e Impactos de uma Gestão Ineficiente

Uma gestão de estoque ineficiente pode ter sérios impactos na operação de uma empresa:

- **Estoques Parados:** O capital imobilizado em estoque excessivo pode ser redirecionado para outras áreas mais produtivas da empresa, como marketing ou desenvolvimento de novos produtos.
- **Ruptura de Abastecimento:** A falta de materiais essenciais pode paralisar a produção, resultando em atrasos e afetando a satisfação do cliente, o que prejudica a reputação da empresa.
- **Custos Elevados**: Estoques excessivos geram custos com armazenamento e deterioração dos produtos. Além disso, a compra urgente de materiais devido à falta de planejamento pode acarretar preços mais altos, aumentando os custos operacionais.

## Gestão da Cadeia de Suprimentos

A gestão de estoques não se limita à organização interna, mas envolve também uma negociação eficiente com os fornecedores. A gestão da cadeia de suprimentos inclui:

- **Negociação de Prazos e Preços:** Negociar prazos de entrega e preços favoráveis com os fornecedores é essencial para equilibrar custo e disponibilidade. Estabelecer prazos realistas e flexíveis ajuda a evitar faltas de estoque, enquanto negociar melhores condições de pagamento pode melhorar o fluxo de caixa da empresa.

- **Construção de Parcerias Estratégicas:** Relações sólidas com fornecedores permitem negociar condições vantajosas, como descontos ou prazos mais flexíveis, e melhorar a flexibilidade diante de mudanças nas necessidades da empresa. Isso contribui para uma cadeia de suprimentos mais eficiente e menos suscetível a riscos de interrupção.

A gestão eficaz de estoques e da cadeia de suprimentos resulta em uma operação mais eficiente e resiliente, protegendo a empresa contra riscos e assegurando a continuidade das operações de forma competitiva e rentável.

## Parcerias Estratégicas e Relacionamento com Fornecedores

A gestão eficaz das parcerias com fornecedores é essencial para o sucesso operacional de uma empresa. Para estabelecer relações duradouras e produtivas, é necessário considerar alguns aspectos-chave.

## Critérios para Escolher Bons Fornecedores

Escolher fornecedores adequados é fundamental para garantir qualidade, eficiência e competitividade. Os principais critérios a serem avaliados são:

- **Qualidade:** O fornecedor deve oferecer produtos ou serviços que atendam aos padrões de qualidade exigidos pela empresa. Isso impacta diretamente na satisfação do cliente e no desempenho da operação.

- **Confiabilidade**: A capacidade do fornecedor de cumprir prazos e manter consistência nas entregas é crucial para evitar interrupções nos processos e falhas na cadeia de produção.
- **Custo-benefício:** O preço não deve ser o único fator, mas sim a relação entre custo e qualidade. O valor agregado pelo fornecedor, como o atendimento e a flexibilidade, também deve ser considerado.

## Construção de Relacionamentos de Longo Prazo

A formação de parcerias sólidas vai além da simples transação comercial. Para construir relacionamentos duradouros, é preciso:

- **Comunicação clara e constante:** Manter um diálogo aberto e regular para alinhar expectativas e resolver questões rapidamente.
- **Transparência**: Compartilhar informações relevantes, como mudanças nas necessidades de produção ou problemas logísticos, assegura uma relação mais honesta e eficiente.
- **Contratos justos**: A formalização de acordos por meio de contratos claros e equilibrados garante que os direitos e deveres de ambas as partes estejam bem definidos, evitando mal-entendidos futuros.

## Alternativas para Diversificação de Fornecedores

Reduzir a dependência de um único fornecedor é uma estratégia inteligente para minimizar riscos. Algumas ações incluem:

- **Diversificação de fornecedores:** Ter mais de um fornecedor para um mesmo produto ou serviço reduz o impacto de problemas de um único parceiro, como falhas de produção ou dificuldades financeiras.
- **Negociação de condições competitivas:** A diversificação oferece a oportunidade de negociar melhores preços e condições, já que os fornecedores competem entre si para atender às necessidades da empresa.

## Casos Práticos: Como Pequenas Empresas Americanas Utilizam Parcerias Estratégicas para Crescer

Pequenas empresas podem se beneficiar enormemente de parcerias estratégicas bem estruturadas. Exemplos incluem:

- **Startups e empresas de tecnologia:** Muitas utilizam fornecedores locais para garantir um fornecimento constante de materiais e uma relação mais flexível, permitindo ajustes rápidos conforme as demandas do mercado.
- **Empresas de alimentos:** Pequenos negócios no setor alimentício estabelecem alianças com fornecedores para garantir qualidade, reduzir custos e atender à demanda crescente.
- **Moda e design:** Pequenas empresas de moda fazem parcerias com fornecedores internacionais para obter materiais exclusivos a preços mais baixos, mantendo padrões elevados de qualidade.

Essas parcerias são fundamentais para que as pequenas empresas se destaquem no mercado competitivo, favorecendo o crescimento sustentável e a adaptação a novas demandas.

## Sistemas de Controle de Qualidade

A gestão da qualidade é um fator determinante para o sucesso e a sustentabilidade de uma empresa. Garantir produtos e serviços de qualidade não só contribui para a satisfação do cliente, mas também fortalece a reputação da marca e auxilia na retenção de clientes.

## Importância da Qualidade para Retenção de Clientes e Reputação da Marca

A qualidade desempenha um papel crucial na fidelização de clientes e na reputação da marca. Clientes satisfeitos são mais propensos a retornar e recomendar a empresa a outros. Alguns dos principais impactos da qualidade incluem:

- **Retenção de clientes:** A consistência na entrega de produtos e serviços de alta qualidade faz com que os clientes confiem na empresa e voltem a comprar.
- **Reputação da marca**: Empresas reconhecidas pela qualidade são vistas como confiáveis e profissionais, o que aumenta sua competitividade no mercado.
- **Diferenciação no mercado:** A qualidade pode ser um diferencial estratégico que destaca a empresa em um mercado saturado.

## Métodos para Garantir Qualidade nos Produtos e Serviços

Para garantir que os produtos e serviços atendam aos padrões exigidos, a empresa pode adotar diversas práticas e métodos:

- **Auditorias:** Realizar auditorias internas e externas regularmente ajuda a identificar falhas nos processos e garantir que os padrões de qualidade sejam cumpridos. Auditorias verificam a conformidade com normas e ajudam a detectar oportunidades de melhoria.
- **Padronização:** Estabelecer processos padronizados é fundamental para garantir consistência. A padronização de procedimentos assegura que cada etapa da produção ou prestação de serviços siga as melhores práticas, minimizando variações indesejadas.
- **Treinamento:** Investir no treinamento contínuo dos colaboradores é essencial para garantir que todos saibam como executar suas tarefas com excelência. Programas de treinamento asseguram que os funcionários estejam atualizados com as melhores práticas e com as normas de qualidade.

## Uso de Feedback do Cliente na Melhoria Contínua

O feedback do cliente é uma ferramenta valiosa para a melhoria contínua. Ele oferece informações diretas sobre os pontos fortes e as áreas que precisam de aprimoramento. Algumas maneiras de utilizar o feedback incluem:

- **Pesquisa de satisfação**: Realizar pesquisas regulares de satisfação para entender o que os clientes pensam sobre os produtos e serviços.
- **Análise de reclamações e sugestões:** Monitorar e analisar reclamações pode revelar falhas recorrentes e fornecer insights sobre como corrigir processos.
- **Ajustes baseados no feedback:** Com base nas informações recebidas, as empresas podem realizar melhorias específicas em produtos, serviços ou processos, aumentando a satisfação e fidelidade dos clientes.

## Casos Práticos de Sucesso

Algumas pequenas empresas conseguiram implementar com sucesso sistemas de controle de qualidade, destacando-se no mercado:

- **Restaurantes locais**: Muitos estabelecimentos de pequeno porte no setor de alimentação implementaram auditorias internas e treinamento constante para garantir que a qualidade dos pratos e serviços seja mantida. Como resultado, essas empresas aumentaram sua base de clientes e obtiveram ótimas avaliações.
- **Lojas de artesanato**: Pequenos negócios no setor artesanal têm investido em padronização dos processos de produção e na coleta de feedback constante de clientes, resultando em produtos mais consistentes e maior satisfação.

Esses exemplos mostram que a implementação de sistemas de controle de qualidade eficazes não é exclusiva de grandes empresas, podendo ser igualmente eficaz em negócios menores, garantindo crescimento sustentável e forte relacionamento com os clientes.

## Contratos e Proteção Patrimonial

A gestão de contratos e a proteção patrimonial são fundamentais para a segurança jurídica e financeira das pequenas empresas. Contratos bem elaborados protegem a empresa contra riscos e disputas legais, garantindo que direitos e obrigações sejam claramente definidos e cumpridos.

## Tipos de Contratos Essenciais para Pequenas Empresas

Existem diferentes tipos de contratos que são essenciais para o funcionamento e proteção das pequenas empresas. Entre os principais, destacam-se:

- **Contratos com fornecedores:** Garantem que as condições de fornecimento, prazos de entrega e preços sejam acordados de forma clara, minimizando o risco de falhas na cadeia de suprimentos.
- **Contratos com clientes:** Estabelecem as condições de venda, prazos de pagamento, responsabilidades e garantias, protegendo a empresa contra inadimplência e disputas.
- **Contratos com funcionários:** Regulam as relações de trabalho, incluindo salários, benefícios, responsabilidades e direitos dos empregados, assegurando conformidade com a legislação trabalhista.
- **Contratos com parceiros:** São fundamentais em parcerias estratégicas, detalhando as responsabilidades de

cada parte, divisão de lucros e condições para a resolução de possíveis conflitos.

## Cláusulas-Chave em Contratos Comerciais

Os contratos comerciais devem ser redigidos com atenção a detalhes essenciais que protejam ambas as partes envolvidas. Algumas cláusulas-chave incluem:

- **Direitos e obrigações:** Estabelece claramente as responsabilidades de cada parte, evitando ambiguidades que possam gerar disputas no futuro.
- **Prazos:** Define prazos de entrega, pagamento ou conclusão de serviços, garantindo que ambas as partes cumpram os compromissos no tempo acordado.
- **Penalidades:** Preveem as consequências em caso de descumprimento de cláusulas contratuais, como multas ou rescisão do contrato, criando um mecanismo de proteção para ambas as partes.

## Proteção de Ativos e Propriedade Intelectual

A proteção patrimonial também envolve a defesa dos ativos intangíveis da empresa, como a propriedade intelectual, que inclui:

- **Marcas registradas:** A marca é um ativo importante e deve ser registrada para garantir que ninguém possa usar um nome ou logotipo semelhante.
- **Patentes:** Protegem invenções ou inovações exclusivas, garantindo que a empresa tenha o direito de explorar sua criação sem concorrência desleal.

- **Direitos autorais:** Protegem criações originais, como obras literárias, artísticas ou de software, garantindo que os direitos de uso e reprodução sejam controlados.

## Medidas para Evitar Disputas Legais

A prevenção de disputas legais começa com a elaboração de contratos bem redigidos e juridicamente seguros. Algumas medidas incluem:

- **Consultoria jurídica**: Sempre que possível, contar com a assessoria de um advogado especializado em contratos para garantir que os termos sejam claros, precisos e cumpram a legislação vigente.
- **Revisão periódica:** Revisar contratos regularmente para ajustar cláusulas conforme mudanças nas leis ou nas condições de mercado.
- **Clareza e transparência:** Evitar termos vagos ou excessivamente complexos, garantindo que todas as partes envolvidas compreendam plenamente os termos acordados.

Contratos bem elaborados e a proteção dos ativos intelectuais são essenciais para o sucesso de pequenas empresas, pois protegem contra litígios e garantem a estabilidade e crescimento do negócio.

## Seguro Empresarial e Mitigação de Riscos

A mitigação de riscos por meio de seguros empresariais é fundamental para garantir a segurança financeira e a continuidade das operações de uma pequena empresa. Os riscos podem ser de diferentes naturezas, e a contratação de seguros adequados ajuda a proteger a empresa contra prejuízos inesperados.

## Principais Riscos Enfrentados por Pequenas Empresas nos EUA

As pequenas empresas nos EUA enfrentam diversos tipos de riscos que podem afetar suas operações e estabilidade financeira. Entre os mais comuns, destacam-se:

- **Riscos financeiros:** Incluem problemas como inadimplência de clientes, flutuações nas taxas de juros e custos operacionais inesperados que podem afetar o fluxo de caixa.
- **Riscos operacionais**: Referem-se a falhas internas nos processos da empresa, como interrupções na cadeia de suprimentos, falhas em sistemas ou problemas de produção que afetam a entrega de produtos ou serviços.
- **Riscos legais:** Podem surgir de litígios com clientes, fornecedores ou funcionários, além de questões relacionadas ao cumprimento de normas e regulamentações locais, estaduais ou federais.
- **Riscos ambientais:** Podem envolver desastres naturais, como inundações ou incêndios, ou danos causados por atividades da empresa que impactam o meio ambiente, como poluição ou acidentes.

## Tipos de Seguros Empresariais Essenciais

Existem diversos tipos de seguros que podem ser contratados para proteger a empresa contra esses riscos. Alguns dos mais importantes incluem:

- **General Liability Insurance - Seguro geral de responsabilidade civil**: Cobre danos a terceiros causados pela empresa, como lesões a clientes ou danos à propriedade de outras pessoas. Esse seguro é essencial para proteger a empresa contra ações judiciais e custos de defesa.
- **Seguro de interrupção de negócios**: Oferece cobertura financeira caso a empresa precise interromper suas operações devido a um evento imprevisto, como incêndio, desastre natural ou falha nos sistemas. Ele ajuda a cobrir custos fixos e perda de receita durante o período de inatividade.
- **Workers Compensation - Seguro para funcionários e compensação trabalhista**: Oferece cobertura em caso de acidentes ou doenças de trabalho, protegendo a empresa contra processos relacionados à segurança do trabalho e fornecendo benefícios aos funcionários afetados.
- **Cybersecurity Insurance-Seguro contra ciberataques (para negócios digitais):** Protege contra danos causados por ataques cibernéticos, como roubo de dados, perda de informações confidenciais ou interrupção de serviços digitais. É essencial para empresas que operam online ou dependem de tecnologia em suas operações.

## Como Escolher a Cobertura Ideal para Sua Empresa

Para escolher a cobertura ideal, a empresa deve:

- **Avaliar os riscos específicos do negócio**: Entender quais riscos são mais comuns ou perigosos para o setor ou tipo de operação da empresa.

- **Consultar um corretor de seguros especializado**: Profissionais podem ajudar a identificar as necessidades de cobertura e selecionar planos que atendam às particularidades da empresa.
- **Considerar o orçamento**: A escolha do seguro deve equilibrar a cobertura necessária com a capacidade financeira da empresa, evitando excessos que podem gerar custos elevados.

Contratar os seguros certos é uma medida essencial para proteger a empresa contra imprevistos e garantir sua longevidade e estabilidade, permitindo que o empresário se concentre no crescimento do negócio.

## Conclusão

A gestão operacional é essencial para garantir a eficiência e a sustentabilidade de pequenas empresas. A implementação de processos bem estruturados, a automação de tarefas, a gestão eficiente de estoques e a construção de parcerias estratégicas são fundamentais para otimizar operações, reduzir custos e melhorar a competitividade. Além disso, a proteção patrimonial e a gestão de riscos, por meio de contratos bem elaborados e seguros adequados, são cruciais para garantir a continuidade do negócio. Com uma abordagem estratégica e focada na melhoria contínua, as pequenas empresas podem enfrentar os desafios do mercado e alcançar um crescimento sólido e sustentável.

# 9

# FINANCIAMENTO E CAPTAÇÃO DE RECURSOS

Nas circunstâncias certas, para o empreendedor devidamente preparado, o financiamento com recursos externos é uma das estratégias mais poderosas que se pode empregar para iniciar um negócio. Muito se fala sobre isso, há quem alardeie esse caminho como excessivamente perigoso e, como qualquer outro, ele traz junto com seus benefícios uma série de riscos potenciais.

A realidade, no entanto, é que quando bem articulado, esse pode ser o melhor caminho para se construir um negócio sólido, e desenvolver isso numa velocidade a qual, de outro modo seria impossível. Neste capítulo, discutiremos as nuances e estratégias relevantes para quem essa abordagem é uma opção. Quando iniciamos um negócio com nosso próprio capital, estamos incorrendo no risco de perder as oportunidades que surgem a todo momento durante a jornada de um empreendedor.

A realidade de muitos empresários, sejam os que estão iniciando um negócio no Brasil, nos Estados Unidos ou em qualquer lugar do mundo, é que os fundos que trazemos do nosso próprio trabalho por vezes são bem modestos. Não raro, como dizemos no Brasil, os negócios são iniciados "com a cara e a coragem".

Com uma gestão financeira bem estruturada, é possível que o dinheiro que venha de origem externa, exerça esse papel de aceleração significativa do seu negócio, oferecendo uma vantagem tanto em termos de aproveitamento de oportunidade, quanto em diferenciais competitivos. Se é verdade que no Brasil enfrentamos uma concorrência acirrada nos mais diferentes nichos, esse fator se multiplica significativamente nos Estados Unidos.

## Fontes de Financiamento para Pequenas Empresas

Quando se trata de abrir ou expandir uma pequena empresa nos EUA, uma das primeiras preocupações é conseguir dinheiro para colocar o negócio em movimento. Felizmente, existem várias opções de financiamento disponíveis, cada uma com suas próprias características e vantagens. Vamos explorar as principais:

### 1. Investidores

Uma das formas mais comuns de financiamento é através de investidores. Esses são indivíduos ou grupos que colocam dinheiro no seu negócio em troca de uma participação nos lucros ou na empresa. Existem dois tipos principais de investidores:

- **Investidores Anjo:** Geralmente são pessoas com dinheiro disponível que buscam investir em negócios promissores em estágios iniciais. Eles não só oferecem capital, mas também podem trazer experiência e contatos valiosos.
- **Capital de Risco (Venture Capital)**: São fundos ou empresas especializadas em investir em negócios com alto potencial de crescimento. Eles costumam aportar quantias maiores, mas também exigem um retorno mais significativo e participação nas decisões da empresa.

Para atrair investidores, é essencial ter um plano de negócios bem estruturado, uma proposta clara de como o dinheiro será usado e uma visão convincente do potencial de crescimento da empresa.

## 2. Empréstimos Bancários

Outra opção tradicional é o empréstimo bancário. Bancos e cooperativas de crédito oferecem diferentes tipos de empréstimos, como:

- **Empréstimos comerciais:** Para cobrir despesas gerais ou investimentos específicos.
- **Linhas de crédito:** Permitem que você retire dinheiro conforme necessário, pagando juros apenas sobre o valor utilizado.

O processo de solicitação geralmente envolve a apresentação de documentos como histórico financeiro, plano de negócios e garantias. Bancos tradicionais podem ser mais rigorosos, enquanto cooperativas de crédito costumam ter taxas de juros mais baixas e condições mais flexíveis.

## 3. Crowdfunding

Uma alternativa moderna e popular é o crowdfunding, que permite arrecadar dinheiro diretamente do público através de plataformas online. Algumas das mais conhecidas são o **Kickstarter** e o **Indiegogo**.

- **Como funciona:** Você cria uma campanha online, define uma meta de arrecadação e oferece recompensas ou produtos em troca das contribuições.
- **Dicas para o sucesso**: Para atrair apoiadores, é importante ter uma história envolvente, um vídeo de

apresentação profissional e recompensas atraentes. Além disso, divulgar a campanha nas redes sociais e manter os apoiadores atualizados é fundamental.

O *crowdfunding é* uma ótima opção para negócios criativos ou inovadores que conseguem conquistar o interesse do público.

Em resumo, seja através de investidores, empréstimos bancários ou *crowdfunding*, o importante é escolher a fonte de financiamento que melhor se adapta às necessidades e ao estágio do seu negócio. Com planejamento e dedicação, é possível encontrar o suporte financeiro necessário para transformar sua ideia em realidade.

## Preparando a Empresa para o Crescimento Sustentável

Crescer é o objetivo de quase toda pequena empresa, mas é crucial que esse crescimento seja sustentável. Crescimento sustentável significa expandir o negócio de forma equilibrada, garantindo que a empresa possa atender à demanda sem comprometer sua saúde financeira ou operacional. Um crescimento descontrolado, por outro lado, pode levar a problemas como falta de caixa, sobrecarga de funcionários e queda na qualidade dos produtos ou serviços. Para evitar isso, é essencial preparar a empresa para crescer de forma estruturada. Veja os passos fundamentais para isso:

### 1. Construção de uma Base Financeira Sólida

Antes de pensar em expandir, é vital garantir que a empresa tenha uma base financeira estável. Isso inclui:

- **Reservas de caixa**: Ter dinheiro guardado para cobrir despesas inesperadas ou períodos de baixa demanda.
- **Controle de custos**: Reduzir gastos desnecessários e otimizar processos para aumentar a margem de lucro.
- **Acesso a crédito**: Manter um bom relacionamento com bancos ou investidores, caso precise de financiamento adicional no futuro.

Uma base financeira sólida permite que a empresa cresça sem correr o risco de falir diante de imprevistos.

## 2. Avaliação de Recursos Humanos e Operacionais

O crescimento exige mais mão de obra e capacidade operacional. Por isso, é importante avaliar:

- **Recursos humanos**: Contratar e treinar novos funcionários com antecedência, garantindo que a equipe esteja preparada para lidar com o aumento da demanda.
- **Infraestrutura**: Verificar se a estrutura atual (como espaço físico, equipamentos e tecnologia) suportará a expansão. Em alguns casos, pode ser necessário investir em upgrades ou mudanças.

Ter uma equipe qualificada e uma operação eficiente é essencial para manter a qualidade do produto ou serviço durante o crescimento.

## 3. Importância de um Plano de Negócios Robusto

Um plano de negócios bem elaborado é como um mapa que guia a empresa durante a expansão. Ele deve incluir:

- **Metas claras:** Definir aonde a empresa quer chegar e em quanto tempo.
- **Estratégias de crescimento**: Detalhar como a empresa pretende conquistar novos mercados ou aumentar as vendas.
- **Projeções financeiras**: Estimar receitas, custos e lucros esperados durante o período de crescimento.

Um plano de negócios robusto ajuda a tomar decisões informadas e evita que a empresa perca o foco durante a expansão.

## 4. Monitorização de Indicadores Financeiros Chave

Durante o crescimento, é fundamental acompanhar indicadores financeiros que mostram a saúde da empresa. Alguns dos mais importantes são:

- **Fluxo de caixa**: Garantir que a empresa tem dinheiro suficiente para cobrir suas despesas.
- **Margem de lucro**: Verificar se os custos estão sob controle e se a empresa está gerando lucro.
- **Nível de endividamento:** Evitar dívidas excessivas que possam comprometer o futuro do negócio.

Monitorar esses indicadores permite identificar problemas cedo e ajustar a estratégia antes que se tornem crises.

Em resumo, o crescimento sustentável exige planejamento, preparação e monitoramento constante. Ao construir uma base financeira sólida, avaliar recursos humanos e operacionais, ter um plano de negócios robusto e acompanhar indicadores financeiros, a empresa pode crescer de forma equilibrada e duradoura. Dessa forma, é possível aproveitar as oportunidades de expansão sem colocar em risco a saúde do negócio.

## Escalabilidade e Expansão para Novos Mercados

Escalabilidade é a capacidade de uma empresa crescer sem que isso comprometa sua eficiência ou qualidade. Em outras palavras, é a habilidade de aumentar a produção, as vendas ou a operação sem que os custos ou problemas cresçam na mesma proporção. Para pequenas empresas que desejam expandir para novos mercados, a escalabilidade é um conceito crucial. Antes de dar esse passo, é essencial garantir que a empresa tenha estrutura suficiente para suportar o crescimento e atender às demandas de novos clientes. Vamos explorar os principais fatores a serem considerados na expansão para novos mercados:

### 1. Análise de Mercado e Tendências Regionais

Antes de expandir, é fundamental entender o novo mercado. Isso inclui:

- **Pesquisa de mercado**: Identificar quem são os consumidores, quais são suas necessidades e como a concorrência atua na região.
- **Tendências regionais:** Analisar fatores culturais, econômicos e sociais que podem influenciar o sucesso do produto ou serviço. Por exemplo, um produto que faz sucesso em uma cidade grande pode não ter a mesma aceitação em uma área rural.

Uma análise detalhada ajuda a evitar investimentos em mercados que não são adequados para o negócio.

## 2. Ajustes no Modelo de Negócio

Nem sempre o que funciona em um local vai funcionar em outro. Por isso, é importante estar disposto a adaptar o modelo de negócio para atender às demandas do novo mercado. Isso pode incluir:

- **Mudanças no produto ou serviço**: Adaptar características, embalagens ou funcionalidades para agradar ao público local.
- **Estratégias de marketing**: Ajustar a comunicação e as campanhas para se conectar com a cultura e os valores da região.
- **Precificação:** Considerar o poder de compra local e a concorrência para definir preços competitivos.

A flexibilidade é essencial para conquistar novos mercados de forma eficaz.

## 3. Testar Novos Mercados antes de Investir Pesadamente

Expandir para um novo mercado pode ser arriscado, especialmente para pequenas empresas com recursos limitados. Por isso, é recomendável testar o mercado antes de fazer investimentos significativos. Algumas estratégias para isso incluem:

- **Pilotos ou lançamentos controlados:** Introduzir o produto ou serviço em uma pequena escala para avaliar a resposta do público.
- **Parcerias locais**: Trabalhar com distribuidores ou varejistas locais para reduzir custos e riscos.

- **Feedback dos clientes:** Coletar opiniões e ajustar a oferta com base no que funciona e no que não funciona.

Testar o mercado permite identificar oportunidades e ajustar a estratégia antes de comprometer grandes recursos.

## 4. Exemplos de Empresas que Escalaram com Sucesso nos EUA

Várias empresas americanas são exemplos de como a escalabilidade e a expansão bem planejada podem levar ao sucesso. Alguns casos notáveis incluem:

- **Starbucks**: Começou como uma pequena cafeteria em Seattle e, ao longo dos anos, expandiu-se para milhares de lojas em todo o mundo, adaptando-se às preferências locais em cada mercado.
- **Airbnb**: Inicialmente focada em aluguéis de curta prazo em São Francisco, a empresa escalou globalmente ao entender as necessidades de viajantes e anfitriões em diferentes países.
- **Etsy**: Plataforma de comércio eletrônico que começou atendendo artesãos nos EUA e, ao se expandir internacionalmente, adaptou-se às regulamentações e demandas de cada região.

Esses exemplos mostram que, com planejamento e adaptação, é possível crescer de forma sustentável e conquistar novos mercados.

Em resumo, a escalabilidade e a expansão para novos mercados exigem planejamento, análise e flexibilidade. Ao entender o novo mercado, ajustar o modelo de negócio, testar estratégias antes de investir pesadamente e aprender com exemplos de sucesso, pequenas empresas podem crescer de forma segura e eficiente. A chave é garantir que a empresa esteja preparada para atender às demandas do crescimento sem comprometer sua qualidade ou saúde financeira.

## Fusões, Aquisições e Parcerias Estratégicas

Para pequenas empresas que buscam crescer de forma acelerada, fusões, aquisições e parcerias estratégicas podem ser caminhos poderosos. Essas estratégias permitem que empresas combinem recursos, expandam sua presença no mercado e alcancem novos clientes de maneira mais rápida do que seria possível apenas com crescimento orgânico. No entanto, cada uma dessas abordagens tem suas particularidades, vantagens e desafios. Vamos explorar esses conceitos e como eles podem ser aplicados de forma eficaz.

### 1. Introdução ao Conceito de Fusões e Aquisições

Fusões e aquisições (M&A, na sigla em inglês) são estratégias comuns no mundo dos negócios para acelerar o crescimento. Enquanto uma fusão ocorre quando duas empresas se unem para formar uma nova entidade, uma aquisição acontece quando uma empresa compra outra e a integra às suas operações. Ambas as estratégias podem ajudar pequenas empresas a ganhar escala, acessar novos mercados ou adquirir tecnologias e talentos.

### 2.Diferença Entre Fusões, Aquisições e Parcerias Estratégicas

Além de fusões e aquisições, as parcerias estratégicas são outra opção para o crescimento. Aqui está a diferença entre elas:

- **Fusão**: Duas empresas se combinam para formar uma nova entidade, compartilhando recursos e objetivos.
- **Aquisição**: Uma empresa compra outra, assumindo o controle total sobre suas operações.
- **Parceria estratégica:** Duas ou mais empresas colaboram em projetos específicos sem se fundir ou adquirir uma à outra.

Cada uma dessas estratégias tem seu lugar, dependendo dos objetivos e recursos da empresa.

## 3. Vantagens e Desvantagens de Cada Estratégia

- **Fusões:**

  *Vantagens:* Permitem compartilhar recursos e riscos, além de criar sinergias que podem reduzir custos e aumentar a eficiência.

  *Desvantagens:* Podem ser complexas e demoradas, exigindo alinhamento cultural e operacional entre as empresas envolvidas.

- **Aquisições:**

  *Vantagens:* Oferecem controle total sobre a empresa adquirida e permitem acesso rápido a novos mercados, tecnologias ou talentos.

  *Desvantagens*: Podem ser caras e arriscadas, especialmente se a integração não for bem gerenciada.

- **Parcerias estratégicas:**

  *Vantagens*: São menos arriscadas e mais flexíveis,

permitindo que empresas colaborem em projetos específicos sem comprometer sua independência.

*Desvantagens:* Podem gerar conflitos de interesse ou dependência excessiva de um parceiro.

## 4. Considerações Jurídicas e Financeiras

Antes de explorar fusões, aquisições ou parcerias, é essencial considerar os aspectos jurídicos e financeiros:

- **Avaliação financeira:** É crucial determinar o valor justo da empresa a ser adquirida ou fundida, além de garantir que a operação seja financeiramente viável.
- **Due diligence**: Processo de investigação detalhada para avaliar a saúde financeira, operacional e legal da empresa envolvida.
- **Contratos e regulamentações**: Fusões e aquisições exigem contratos bem elaborados e podem envolver aprovações regulatórias, dependendo do setor e do tamanho das empresas.

Consultar advogados e especialistas financeiros é fundamental para evitar problemas futuros.

## 5. Exemplos de Pequenas Empresas que Cresceram com essas Estratégias

Várias pequenas empresas nos EUA alcançaram o sucesso por meio de fusões, aquisições ou parcerias estratégicas. Alguns exemplos incluem:

- **Ben & Jerry's:** A famosa fabricante de sorvetes cresceu rapidamente após ser adquirida pela Unilever, mantendo sua identidade única enquanto ganhava acesso a recursos globais.

- **WhatsApp:** Aplicativo de mensagens que foi adquirido pelo Facebook (agora Meta) por US$ 19 bilhões, permitindo que a empresa expandisse seus serviços e alcance.
- **Spotify**: A plataforma de streaming fez parcerias estratégicas com grandes gravadoras e artistas para expandir seu catálogo e conquistar novos usuários.

Esses casos mostram como estratégias bem planejadas podem impulsionar o crescimento de pequenas empresas.

Em resumo, fusões, aquisições e parcerias estratégicas são ferramentas poderosas para o crescimento de pequenas empresas. No entanto, é essencial avaliar cuidadosamente as vantagens, desvantagens e implicações jurídicas e financeiras antes de tomar uma decisão. Com planejamento e execução adequados, essas estratégias podem abrir portas para novos mercados, recursos e oportunidades de sucesso.

## Estabelecendo Crédito Empresarial nos EUA

O crédito empresarial é uma ferramenta essencial para pequenas empresas nos EUA, pois permite acesso a empréstimos, linhas de crédito e melhores condições de pagamento com fornecedores. Diferente do crédito pessoal, que está ligado ao histórico financeiro do indivíduo, o crédito empresarial é baseado na saúde financeira da empresa. Ter um bom histórico de crédito empresarial pode abrir portas para oportunidades de crescimento e aumentar a credibilidade da empresa no mercado. Vamos explorar como o crédito empresarial funciona e os passos para estabelecê-lo desde o início.

## 1. Como o Crédito Empresarial Funciona e sua Importância

O crédito empresarial é avaliado por agências de crédito especializadas, como a Dun & Bradstreet, Experian Business e Equifax Business. Essas agências analisam fatores como pagamento de contas, endividamento e tempo de operação da empresa para atribuir uma pontuação de crédito. Uma boa pontuação facilita a obtenção de empréstimos, melhora as taxas de juros e ajuda a negociar condições favoráveis com fornecedores. Para pequenas empresas, isso pode ser a diferença entre sobreviver e prosperar.

## 2. Passos para Estabelecer um bom Histórico de Crédito Empresarial

- **Abrir contas bancárias empresariais**: Separar as finanças pessoais das empresariais é o primeiro passo. Uma conta bancária exclusiva para a empresa ajuda a construir um histórico financeiro claro e profissional.
- **Pagar todas as contas empresariais em dia:** O pagamento pontual de fornecedores, empréstimos e outras obrigações é crucial para construir uma boa reputação de crédito. Atrasos podem prejudicar a pontuação da empresa.
- **Monitorar o crédito empresarial regularmente:** Verificar o relatório de crédito da empresa com frequência

ajuda a identificar erros ou áreas que precisam de melhoria. Também permite acompanhar a evolução da pontuação ao longo do tempo.

### 3. Diferença Entre Crédito Pessoal e Crédito Empresarial

Embora o crédito pessoal e o empresarial tenham semelhanças, há diferenças importantes:

- **Crédito pessoal:** Baseia-se no histórico financeiro do indivíduo, como pagamento de contas pessoais, dívidas e uso de cartões de crédito. É usado para empréstimos pessoais, hipotecas e financiamentos.
- **Crédito empresarial**: Reflete a saúde financeira da empresa, incluindo pagamento de fornecedores, empréstimos empresariais e tempo de operação. É essencial para obter financiamento e estabelecer relações comerciais confiáveis.

Para pequenas empresas, é importante manter os dois tipos de crédito saudáveis, mas o foco deve ser em construir um histórico empresarial sólido para garantir a independência financeira da empresa.

Em resumo, estabelecer um bom crédito empresarial é fundamental para o sucesso de uma pequena empresa nos EUA. Ao abrir contas bancárias empresariais, pagar contas em dia e monitorar regularmente o crédito, a empresa pode construir uma reputação financeira sólida. Isso não só facilita o acesso a recursos, mas também fortalece a credibilidade da empresa no mercado, abrindo caminho para um crescimento sustentável.

## Cartões de Crédito Empresariais

Os cartões de crédito empresariais são ferramentas valiosas para pequenas empresas, ajudando no gerenciamento do fluxo de caixa e no financiamento de despesas do dia a dia. Eles oferecem conveniência, flexibilidade e, em muitos casos, recompensas que podem beneficiar o negócio. No entanto, é importante usá-los com responsabilidade para evitar problemas financeiros. Vamos explorar o papel desses cartões, como escolher o melhor para sua empresa e os cuidados necessários ao utilizá-los.

### 1. Papel dos Cartões de Crédito Empresariais

Os cartões de crédito empresariais são úteis para cobrir despesas operacionais, como compras de suprimentos, pagamento de serviços ou viagens a trabalho. Eles ajudam a manter o fluxo de caixa estável, especialmente em períodos de alta demanda ou quando há atrasos no recebimento de pagamentos de clientes. Além disso, muitos cartões oferecem programas de recompensas, como cashback, pontos ou milhas, que podem ser reinvestidos no negócio.

### 2. Como Escolher o Melhor Cartão de Crédito Empresarial

Na hora de escolher um cartão, é importante comparar as opções disponíveis com base em:

- **Taxas de juros:** Verifique a taxa anual (APR) e se há ofertas de juros baixos ou isenção por um período inicial.
- **Recompensas e benefícios:** Avalie programas de cashback, pontos ou milhas que se alinhem às necessidades da empresa. Por exemplo, se a empresa faz muitas viagens, um cartão com milhas pode ser vantajoso.
- **Benefícios adicionais:** Alguns cartões oferecem seguros de viagem, proteção de compras ou acesso a salas VIP em aeroportos, o que pode ser útil dependendo do tipo de negócio.

Escolher um cartão que se adapte ao perfil da empresa maximiza os benefícios e reduz custos.

## 3. Cuidados ao Utilizar Cartões de Crédito

Embora os cartões de crédito sejam convenientes, é essencial usá-los com cautela para evitar endividamento excessivo. Algumas práticas recomendadas incluem:

- **Pagar o saldo total mensalmente**: Evitar pagar apenas o mínimo para não acumular juros altos.
- **Estabelecer um limite de gastos**: Definir um teto de gastos mensais ajuda a manter o controle financeiro.
- **Monitorar os gastos regularmente:** Revisar extratos e categorizar despesas facilita a identificação de gastos desnecessários.

Em resumo, os cartões de crédito empresariais são aliados poderosos para o gerenciamento financeiro de pequenas empresas, desde que usados com responsabilidade. Ao escolher um cartão com taxas e benefícios adequados e ao adotar práticas de uso consciente, a empresa pode aproveitar as vantagens sem comprometer sua saúde financeira.

## Empréstimos de Curto e Longo Prazo

Empréstimos são ferramentas essenciais para pequenas empresas que precisam de capital para cobrir despesas ou investir em crescimento. No entanto, é importante entender as diferenças entre empréstimos de curto e longo prazo, suas vantagens, riscos e quando cada um é mais indicado. Vamos explorar esses dois tipos de empréstimos e como eles podem ser usados de forma estratégica.

### 1. Empréstimos de Curto Prazo

Os empréstimos de curto prazo geralmente têm um período de pagamento de até um ano e são ideais para necessidades imediatas, como:

- Cobrir despesas operacionais, como folha de pagamento ou compra de estoque.
- Lidar com flutuações sazonais de caixa.
- Financiar projetos ou oportunidades de curto prazo.

**Vantagens:**

- Liberação rápida do dinheiro.
- Prazos de pagamento mais curtos, o que reduz o custo total dos juros.

**Riscos:**

- Taxas de juros podem ser mais altas em comparação com empréstimos de longo prazo.
- Pagamentos mensais maiores, o que pode pressionar o fluxo de caixa.

## 2. Empréstimos de Longo Prazo

Os empréstimos de longo prazo têm prazos de pagamento que podem variar de vários anos a décadas. Eles são mais adequados para:

- Investimentos em expansão, como compra de equipamentos ou imóveis.
- Projetos de crescimento que geram retorno ao longo do tempo.
- Consolidar dívidas de curto prazo com taxas de juros mais altas.

**Vantagens:**

- Taxas de juros geralmente mais baixas.
- Pagamentos mensais menores, o que facilita o planejamento financeiro.

**Riscos:**

- Compromisso financeiro de longo prazo, que pode limitar a flexibilidade da empresa.
- Custo total dos juros pode ser maior devido ao prazo estendido.

### 3. Termos, Taxas de Juros e Formas de Pagamento

- **Termos**: Empréstimos de curto prazo têm prazos curtos e exigem pagamentos mais frequentes, enquanto os de longo prazo permitem parcelas menores ao longo de um período maior.
- **Taxas de juros**: Empréstimos de curto prazo podem ter taxas mais altas, mas o custo total dos juros tende a ser menor. Já os de longo prazo têm taxas mais baixas, mas o custo total pode ser maior devido ao tempo.
- **Formas de pagamento:** Ambos os tipos podem ter parcelas fixas ou variáveis, dependendo do acordo com o credor.

Em resumo, a escolha entre empréstimos de curto e longo prazo depende das necessidades e objetivos da empresa. Empréstimos de curto prazo são ideais para necessidades imediatas e oportunidades de curto prazo, enquanto os de longo prazo são mais adequados para investimentos estratégicos e crescimento sustentável. Ao entender os termos, taxas e formas de pagamento, a empresa pode tomar decisões financeiras mais informadas e alinhadas com seus planos de crescimento.

## Empréstimos SBA (Small Business Administration)

Os empréstimos da Small Business Administration (SBA) são uma das opções mais atraentes para pequenas empresas nos EUA que buscam financiamento. A SBA não empresta dinheiro diretamente, mas garante parte do empréstimo oferecido por bancos e instituições financeiras parceiras, reduzindo o risco para os credores e facilitando o acesso ao crédito para pequenos negócios. Vamos explorar como esses empréstimos funcionam, os tipos de programas disponíveis e como eles podem ajudar sua empresa a crescer.

## 1. O que são Empréstimos SBA e Como Funcionam

A SBA é uma agência federal que apoia pequenas empresas por meio de garantias de empréstimos. Isso significa que, se a empresa não puder pagar o empréstimo, a SBA cobre uma parte do valor, o que incentiva os bancos a oferecerem taxas de juros mais baixas e prazos mais longos. Os empréstimos SBA são ideais para empresas que podem não se qualificar para empréstimos tradicionais devido a requisitos rigorosos.

## 2. Tipos de Programas SBA

A SBA oferece vários programas de empréstimos, sendo os mais populares o 7(a) e o 504:

- **Programa 7(a)**: É o mais comum e versátil, podendo ser usado para uma variedade de fins, como capital de giro, compra de equipamentos ou expansão. Os empréstimos podem chegar a US$ 5 milhões, com prazos de até 10 anos para capital de giro e até 25 anos para imóveis comerciais.
- **Programa 504**: Projetado para financiar a compra de ativos fixos, como imóveis ou equipamentos de longo prazo. Oferece taxas de juros fixas e prazos de 10, 20 ou 25 anos, com limites que variam conforme o projeto.

**Benefícios:**

- Taxas de juros competitivas.
- Prazos de pagamento mais longos.
- Acesso a quantias maiores do que em empréstimos tradicionais.

**Requisitos:**

- A empresa deve operar nos EUA e ser considerada uma "pequena empresa" conforme os padrões da SBA.
- O proprietário deve ter um bom histórico de crédito e demonstrar capacidade de pagamento.
- É necessário fornecer garantias e documentação financeira detalhada.

## 3. Condições Específicas e como se Qualificar

Para se qualificar para um empréstimo SBA, a empresa deve:

- Ter um plano de negócios sólido.
- Comprovar necessidade financeira.
- Mostrar que tentou obter financiamento por outros meios antes de recorrer à SBA.
- Estar em conformidade com as regulamentações federais e estaduais.

A SBA também exige que os proprietários pessoalmente garantam o empréstimo, o que significa que eles são responsáveis pelo pagamento, mesmo que a empresa não consiga honrar a dívida.

## 4. Exemplos de Como a SBA ajudou Pequenas Empresas

Muitas pequenas empresas cresceram graças aos empréstimos SBA. Por exemplo:

- Uma padaria local usou um empréstimo 7(a) para comprar novos equipamentos e expandir sua produção, aumentando as vendas em 30%.
- Uma empresa de tecnologia utilizou um empréstimo 504 para adquirir um novo escritório, permitindo que contratasse mais funcionários e ampliasse suas operações.

Em resumo, os empréstimos SBA são uma excelente opção para pequenas empresas que precisam de financiamento acessível e com condições favoráveis. Com programas como o 7(a) e o 504, a SBA ajuda empresas a cobrir despesas, investir em crescimento e alcançar seus objetivos. Ao entender os requisitos e condições, sua empresa pode aproveitar essas oportunidades para se fortalecer no mercado.

# Principais Agências de Crédito que Avaliam Pequenas Empresas

As agências de crédito desempenham um papel crucial na avaliação da saúde financeira de pequenas empresas, fornecendo informações que credores, fornecedores e parceiros comerciais usam para tomar decisões. Essas agências analisam dados como histórico de pagamentos, endividamento e tempo de operação para atribuir uma pontuação de crédito empresarial. Manter uma boa pontuação é essencial para garantir acesso a financiamentos e condições favoráveis. Vamos explorar as principais agências de crédito e como elas avaliam as empresas.

## 1. Dun & Bradstreet (D&B)

A Dun & Bradstreet é uma das agências de crédito mais conhecidas e respeitadas no mundo empresarial. Ela utiliza o sistema D-U-N-S Number, um identificador único de nove dígitos, para rastrear o desempenho financeiro de empresas. A D&B avalia fatores como:

- Histórico de pagamentos a fornecedores e credores.
- Endividamento e capacidade de pagamento.
- Tempo de operação e tamanho da empresa.

Para obter um número D-U-N-S, a empresa deve se registrar no site da D&B. Esse número é frequentemente exigido por governos e grandes corporações para fazer negócios.

## 2. Experian e Equifax

Além da D&B, as agências Experian e Equifax também avaliam o crédito empresarial, mas com metodologias ligeiramente diferentes:

- **Experian**: Foca no histórico de pagamentos, dívidas ativas e informações públicas, como ações judiciais ou falências. Sua pontuação varia de 1 a 100, sendo que quanto maior, melhor.
- **Equifax**: Analisa o risco de crédito com base no comportamento de pagamento, utilização de crédito

e tempo de operação. Sua pontuação também varia de 1 a 100.

Diferente do crédito pessoal, que avalia indivíduos, o crédito empresarial é focado na empresa, embora o histórico financeiro dos proprietários também possa influenciar.

## 3. Importância de Manter uma Boa Pontuação de Crédito Empresarial

Uma boa pontuação de crédito empresarial é fundamental para:

- **Acesso a financiamentos**: Bancos e credores usam a pontuação para avaliar o risco de emprestar dinheiro à empresa. Uma pontuação alta pode resultar em taxas de juros mais baixas e prazos melhores.
- **Relacionamento com fornecedores**: Fornecedores podem oferecer condições de pagamento mais flexíveis para empresas com bom histórico de crédito.
- **Credibilidade no mercado**: Uma pontuação sólida aumenta a confiança de parceiros comerciais e clientes.

Para manter uma boa pontuação, é essencial pagar contas em dia, monitorar o relatório de crédito regularmente e corrigir eventuais erros.

Em resumo, as agências de crédito como Dun & Bradstreet, Experian e Equifax são fundamentais para avaliar a solvência e o risco de pequenas empresas. Ao entender como essas agências funcionam e manter uma boa pontuação de crédito, sua empresa pode garantir acesso a financiamentos, melhores condições comerciais e uma reputação sólida no mercado.

# Conclusão

O financiamento e a captação de recursos são fundamentais para o crescimento e a sustentabilidade das pequenas empresas nos EUA. As diversas fontes de financiamento, como investidores, empréstimos bancários, crowdfunding e empréstimos SBA, oferecem opções valiosas, mas a escolha deve ser estratégica e alinhada ao momento e necessidades do negócio. Além disso, a preparação para o crescimento sustentável, a escalabilidade e a expansão cuidadosa para novos mercados exigem um planejamento sólido e a construção de uma base financeira robusta. Fusões, aquisições e parcerias estratégicas também podem ser ferramentas poderosas para acelerar o crescimento. Por fim, o crédito empresarial, incluindo o estabelecimento de um bom histórico de crédito e o uso responsável de cartões de crédito e empréstimos, é crucial para garantir a saúde financeira e o acesso a recursos no futuro. Ao adotar uma abordagem bem informada e estratégica, os empreendedores estarão mais preparados para prosperar e garantir a longevidade de suas empresas no competitivo mercado dos EUA.

# 10

# ANÁLISE FINANCEIRA E DESEMPENHO DA EMPRESA

Administrar uma pequena empresa nos Estados Unidos envolve uma série de desafios, desde a estruturação inicial do negócio até a expansão sustentável. Nos capítulos anteriores, discutimos aspectos fundamentais da gestão, como planejamento estratégico, marketing, operações e liderança. Agora, voltamos nossa atenção para um dos pilares essenciais para a sobrevivência e crescimento de qualquer empresa: a análise financeira.

Compreender e interpretar os números do negócio é vital para a tomada de decisões informadas. Muitos pequenos empresários enfrentam dificuldades financeiras não por falta de demanda ou qualidade nos produtos e serviços, mas por gestão inadequada dos recursos financeiros. Este capítulo tem como objetivo desmistificar conceitos financeiros essenciais e apresentar ferramentas práticas que permitem avaliar a saúde financeira do empreendimento, garantindo sua sustentabilidade a longo prazo.

Ao longo deste capítulo, exploraremos os principais demonstrativos financeiros utilizados por pequenas empresas nos EUA, incluindo o balanço patrimonial, a demonstração de resultados e o fluxo de caixa. Em seguida, abordaremos os índices financeiros mais relevantes para medir a eficiência operacional e a liquidez do negócio. Também discutiremos a análise de custo-volume-lucro, uma ferramenta essencial para entender o ponto de equilíbrio da empresa e planejar estratégias de precificação e margens de lucro. Por fim, examinaremos os principais indicadores-chave de desempenho (KPIs) que ajudam a monitorar e aprimorar a gestão financeira.

Com uma abordagem prática e aplicada, este capítulo fornecerá os conhecimentos necessários para que você possa tomar decisões financeiras mais seguras e eficazes, garantindo a estabilidade e o crescimento do seu negócio.

## Gestão Financeira em Pequenas Empresas nos EUA

A gestão financeira é um dos fatores determinantes para o sucesso ou fracasso de uma pequena empresa nos Estados Unidos. Um controle financeiro eficiente permite que o empreendedor tome decisões informadas, antecipe desafios e garanta a sustentabilidade do negócio a longo prazo. Empresas que negligenciam essa área, frequentemente enfrentam problemas de fluxo de caixa, endividamento excessivo e dificuldades para crescer de maneira estruturada.

### Desafios Comuns

Pequenas empresas frequentemente lidam com limitação de capital e dificuldades de acesso a crédito. Bancos e investidores podem ser mais reticentes em financiar pequenos empreendimentos devido ao risco percebido. Além disso, muitos empreendedores não possuem conhecimento sólido em gestão financeira, o que pode levar a erros como precificação inadequada, gastos desnecessários e falta de planejamento tributário. A volatilidade do mercado também é um fator que pode impactar o desempenho financeiro, exigindo que pequenas empresas se adaptem rapidamente a mudanças econômicas.

## Boas Práticas

Para mitigar esses desafios, há algumas boas práticas essenciais. O planejamento financeiro deve ser uma prioridade, incluindo a projeção de receitas e despesas, a criação de reservas para imprevistos e a adoção de um orçamento rigoroso. O monitoramento constante dos indicadores financeiros, como margem de lucro e fluxo de caixa, permite ajustes rápidos e evita surpresas desagradáveis. Além disso, manter um histórico financeiro organizado e buscar capacitação contínua são medidas que fortalecem a gestão e aumentam as chances de sucesso do negócio.

Ao adotar uma abordagem disciplinada e estratégica, pequenas empresas podem superar desafios financeiros e construir bases sólidas para seu crescimento no mercado.

## Principais Demonstrativos Financeiros

A gestão financeira eficaz de uma pequena empresa nos Estados Unidos exige o entendimento e a análise de três demonstrativos financeiros fundamentais: o Demonstrativo de Resultados (Profit & Loss), o Balanço Patrimonial *(Balance Sheet)* e o Demonstrativo de Fluxo de Caixa (Statement of Cash Flows). Esses relatórios fornecem informações essenciais sobre a saúde financeira da empresa e auxiliam na tomada de decisões estratégicas.

## Profit & Loss (Demonstrativo de Resultados)

O Demonstrativo de Resultados, também conhecido como

Profit & Loss Statement (P&L), apresenta o desempenho financeiro de uma empresa em um período específico. Ele detalha as receitas, os custos e as despesas, resultando no lucro ou prejuízo da empresa.

Sua estrutura inclui:

- **Income**: Valores gerados pela venda de produtos ou serviços.
- **COGS (Cost of Goods Sold):** Custos diretamente relacionadas à produção dos bens ou serviços vendidos.
- **Gross Profit**: Diferença entre as receitas e os custos dos produtos vendidos.
- **Operating Expenses**: Custos fixos e variáveis necessários para manter a operação
- **Net Income (Profit)**: Resultado final após o desconto de todas as despesas e impostos.

Esse demonstrativo é crucial para avaliar a lucratividade da empresa e identificar oportunidades de redução de custos ou aumento de receitas.

## Balance Sheet (Balanço Patrimonial)

O Balanço Patrimonial oferece uma visão da posição financeira da empresa em um determinado momento, listando seus ativos, passivos e patrimônio líquido.

- **Assets (Ativos)**: Tudo o que a empresa possui, como caixa, contas a receber, estoques e imobilizado.
- **Liabilities (Passivos)**: Obrigações financeiras, como dívidas, fornecedores e impostos a pagar.

- **Equity (Patrimônio Líquido):** Diferença entre ativos e passivos, representando o valor real da empresa.

Esse demonstrativo é essencial para entender a capacidade da empresa de cumprir suas obrigações e investir no crescimento.

## Cash Flow (Demonstrativo de Fluxo de Caixa)

O Demonstrativo de Fluxo de Caixa registra todas as entradas e saídas de dinheiro no negócio, divididas em três categorias:

- **Operacional:** Fluxo de caixa gerado pelas atividades principais da empresa.
- **Investimento:** Recursos aplicados na compra ou venda de ativos.
- **Financiamento**: Movimentações financeiras relacionadas a empréstimos, investimentos externos e distribuição de dividendos.

A análise do fluxo de caixa permite prever problemas de liquidez e garantir que a empresa tenha recursos suficientes para suas operações diárias.

## Exemplos Práticos

Exemplo simplificado de P&L:

- Gross Income: $100,000
- COGS: $40,000
- Gross Profit: $60,000
- Operating Expenses: $40.000
- Net Income: $20,000

Exemplo de balanço patrimonial:

- Assets: $200,000
- Liabilities: $120,000
- Equity: $80,000

Exemplo de fluxo de caixa:

- Fluxo operacional: +$25,000
- Fluxo de investimento: -$10,000
- Fluxo de financiamento: +$5,000
- Saldo final: +$20,000

Dominar a leitura e interpretação desses demonstrativos é fundamental para garantir uma gestão financeira eficiente e promover o crescimento sustentável da empresa.

## Gestão de Capital de Giro e Contas

A gestão eficaz do capital de giro é essencial para a sustentabilidade e crescimento das pequenas empresas. O capital de giro representa os recursos financeiros necessários para manter as operações diárias do negócio e garantir a liquidez da empresa. Administrar corretamente contas a pagar, contas a receber e estoques permite um equilíbrio financeiro saudável.

### Working Capital (Capital de Giro)

O capital de giro é a diferença entre os ativos circulantes (caixa, contas a receber e estoques) e os passivos circulantes (contas a pagar e dívidas de curto prazo). Um capital de giro positivo indica que a empresa tem recursos suficientes para cobrir suas obrigações financeiras, enquanto um capital de giro negativo pode levar a dificuldades operacionais. Monitorar regularmente esse indicador é fundamental para evitar problemas de liquidez.

## Accounts Payable (Contas a Pagar)

Gerenciar as contas a pagar de forma estratégica permite evitar atrasos e manter uma boa relação com fornecedores. Algumas boas práticas incluem:

- Negociar prazos de pagamento mais longos para preservar o caixa.
- Priorizar o pagamento de dívidas com maiores encargos financeiros.
- Utilizar sistemas de gestão para acompanhar vencimentos e evitar multas.

## Inventory (Controle de Estoque)

Um controle eficiente de estoque evita desperdícios e reduz custos desnecessários. Estoques excessivos imobilizam capital, enquanto estoques baixos podem resultar em perda de vendas. Para otimizar a gestão de inventário:

- Implementar técnicas como Just in Time (JIT) para minimizar desperdícios.
- Utilizar softwares de controle para monitoramento em tempo real.
- Analisar a demanda sazonal para evitar excesso ou falta de produtos.

## Accounts Receivable (Contas a Receber)

Manter um fluxo de caixa saudável depende de um bom gerenciamento das contas a receber. Atrasos nos pagamentos de clientes podem comprometer a liquidez da empresa. Algumas estratégias eficazes incluem:

- Oferecer descontos para pagamentos antecipados.
- Implementar políticas de cobrança eficientes.
- Analisar a credibilidade dos clientes antes de conceder crédito.

Dominar a gestão do capital de giro e das contas garante que a empresa tenha recursos suficientes para operar de forma estável e crescer de maneira sustentável.

## Análise Financeira por Índices

A análise financeira por índices é uma ferramenta essencial para avaliar a saúde e o desempenho de uma pequena empresa. Esses índices, calculados a partir dos demonstrativos financeiros, permitem que gestores identifiquem pontos fortes e fracos, acompanhem tendências e tomem decisões informadas. Eles são divididos em categorias principais, cada uma focada em um aspecto específico da saúde financeira da empresa.

## Introdução aos Índices Financeiros

Índices financeiros são métricas que relacionam diferentes contas dos demonstrativos financeiros, como o Balanço Patrimonial e o Demonstrativo de Resultados, para fornecer insights sobre a performance da empresa. Eles ajudam a responder perguntas como: A empresa tem liquidez suficiente para pagar suas dívidas de curto prazo? Está gerando lucro de forma eficiente? Como está sua estrutura de endividamento? Essas respostas são fundamentais para planejar estratégias e corrigir problemas antes que se tornem críticos.

## Principais Índices

**1.Liquidez:**

- **Índice de Liquidez Corrente**: Mede a capacidade da empresa de pagar suas obrigações de curto prazo com seus ativos circulantes. Fórmula: Ativo Circulante/ Passivo Circulante. Um índice acima de 1 indica boa liquidez.
- **Índice de Liquidez Seca:** Similar ao anterior, mas exclui o estoque dos ativos circulantes, pois ele nem sempre é facilmente convertido em caixa. Fórmula: (Ativo Circulante - Estoque) / Passivo Circulante.

**2.Endividamento:**

- **Relação Dívida/Patrimônio**: Avalia a proporção entre o capital de terceiros (dívidas) e o capital próprio. Fórmula: Passivo Total / Patrimônio Líquido. Um índice alto pode indicar dependência excessiva de empréstimos.

**3.Rentabilidade:**

- **Margem Líquida:** Mostra quanto de lucro a empresa gera a cada dólar de vendas. Fórmula: Lucro Líquido / Receita Total. Uma margem alta indica eficiência operacional.

- **ROE (Retorno sobre o Patrimônio Líquido):** Mede o retorno gerado sobre o investimento dos acionistas. Fórmula: Lucro Líquido / Patrimônio Líquido. Um ROE elevado sugere boa gestão e rentabilidade.

**4. Eficiência:**

- **Giro de Estoque**: Indica quantas vezes o estoque é renovado em um período. Fórmula: Custo das Mercadorias Vendidas / Estoque Médio. Um giro alto pode significar boa gestão de estoque, mas também pode indicar estoque insuficiente.

## Interpretação dos Resultados

A interpretação dos índices financeiros deve considerar o contexto do negócio e o setor em que a empresa atua. Por exemplo, um índice de liquidez corrente baixo pode ser preocupante para uma empresa de varejo, mas aceitável para uma empresa de serviços com recebíveis rápidos. Além disso, é importante analisar os índices ao longo do tempo para identificar tendências, como melhoria ou deterioração da saúde financeira.

Ao usar esses índices, os gestores podem tomar decisões mais embasadas, como ajustar políticas de crédito, renegociar dívidas ou investir em áreas que geram maior retorno. Em resumo, a análise por índices é uma ferramenta poderosa para manter a empresa no caminho do crescimento sustentável.

## Análise de Custo-Volume-Lucro e Ponto de Equilíbrio

A análise de Custo-Volume-Lucro (CVL) é uma ferramenta essencial para pequenas empresas, pois permite entender a relação entre custos, volume de vendas e lucro. Essa análise ajuda os gestores a tomar decisões informadas sobre preços, produção e estratégias de vendas, garantindo que a empresa opere de forma lucrativa.

### Conceito de Custo-Volume-Lucro

A análise CVL examina como as mudanças nos custos (fixos e variáveis) e no volume de vendas afetam o lucro da empresa. Custos fixos são aqueles que não variam com o nível de produção (ex.: aluguel), enquanto custos variáveis mudam conforme as vendas (ex.: matéria-prima). Ao compreender essa relação, os gestores podem determinar o volume de vendas necessário para cobrir todos os custos e começar a gerar lucro.

### Ponto de Equilíbrio Operacional

O ponto de equilíbrio é o nível de vendas em que a empresa não tem lucro nem prejuízo, ou seja, as receitas totais igualam os custos totais. Ele é calculado dividindo os custos fixos pela margem de contribuição unitária (preço de venda menos custo variável por unidade). Por exemplo, se os custos fixos são $10,000 e a margem de contribuição por unidade é $50, o ponto de equilíbrio será 200 unidades. Esse cálculo é crucial para planejar metas de vendas e avaliar a viabilidade de novos projetos.

## Alavancagem Operacional e Financeira

A alavancagem operacional refere-se ao impacto dos custos fixos na rentabilidade da empresa. Empresas com alta alavancagem operacional têm maior potencial de lucro quando as vendas aumentam, mas também enfrentam maiores riscos em períodos de queda nas vendas. Já a alavancagem financeira está relacionada ao uso de dívidas para financiar operações. Embora possa ampliar os retornos, também aumenta o risco de insolvência.

## Margem de Contribuição

A margem de contribuição é a diferença entre o preço de venda e os custos variáveis por unidade. Ela indica quanto cada produto contribui para cobrir os custos fixos e gerar lucro. Uma margem de contribuição alta permite maior flexibilidade na definição de preços e estratégias de produção, enquanto uma margem baixa pode exigir ajustes para garantir a rentabilidade.

Em resumo, a análise CVL e o ponto de equilíbrio são ferramentas poderosas para garantir que a empresa opere de forma eficiente e lucrativa, enquanto a margem de contribuição e a alavancagem ajudam a tomar decisões estratégicas informadas.

## KPIs e Orçamento Empresarial

Para garantir o sucesso de uma pequena empresa, é essencial monitorar o desempenho e planejar as finanças de forma estratégica. Neste tópico, abordaremos dois pilares fundamentais: os **KPIs (Indicadores de Desempenho)** e o **Orçamento Empresarial.** Ambos são ferramentas indispensáveis para avaliar o progresso da empresa e garantir que os recursos sejam utilizados de maneira eficiente.

## KPIs (Indicadores de Desempenho)

KPIs, ou Key Performance Indicators, são métricas que ajudam os gestores a medirem o desempenho da empresa em relação aos seus objetivos. Eles fornecem insights claros e quantificáveis sobre áreas críticas do negócio, permitindo identificar pontos fortes, fraquezas e oportunidades de melhoria. Para pequenas empresas, os KPIs são especialmente importantes, pois ajudam a manter o foco em metas realistas e a tomar decisões baseadas em dados.

**Exemplos de KPIs Financeiros:**

- **Lucro Líquido:** Mede o lucro após dedução de todas as despesas. É um indicador direto da saúde financeira da empresa.
- **Margem de Lucro**: Mostra a porcentagem de lucro em relação às vendas. Ajuda a avaliar a eficiência operacional.
- **Fluxo de Caixa:** Monitora o dinheiro que entra e sai da empresa, garantindo que haja liquidez para operações diárias.
- **ROI (Retorno sobre o Investimento):** Avalia o retorno gerado por investimentos, como campanhas de marketing ou novos equipamentos.

**Exemplos de KPIs Operacionais:**

- **Taxa de Rotatividade de Estoque**: Indica quantas vezes o estoque é renovado em um período. Um giro alto pode significar boa gestão, mas também risco de desabastecimento.
- **Satisfação do Cliente:** Medido por pesquisas ou avaliações, reflete a qualidade dos produtos ou serviços.
- **Tempo de Entrega**: Avalia a eficiência da cadeia de suprimentos e logística.
- **Taxa de Conversão de Vendas:** Mostra a porcentagem de leads que se tornam clientes, indicando a eficácia das estratégias de vendas.

## Budgeting (Orçamento Empresarial)

O orçamento empresarial é uma ferramenta de planejamento financeiro que ajuda a empresa a alocar recursos de forma eficiente, prever receitas e controlar despesas. Ele serve como um guia para tomar decisões informadas e evitar gastos desnecessários, garantindo que a empresa permaneça financeiramente saudável.

### Importância do Orçamento:

- **Previsibilidade:** Permite antecipar receitas e despesas, reduzindo incertezas.
- **Controle Financeiro:** Ajuda a identificar desvios e ajustar estratégias rapidamente.
- **Foco em Metas:** Alinha os gastos com os objetivos estratégicos da empresa.

- **Prevenção de Crises**: Evita surpresas financeiras, como falta de caixa ou endividamento excessivo.

**Técnicas para Criar e Monitorar um Orçamento Eficaz:**

1. **Defina Objetivos Claros:** Estabeleça metas realistas e mensuráveis para o período orçado.
2. **Categorize Receitas e Despesas:** Separe as entradas e saídas de dinheiro em categorias (ex.: vendas, salários, marketing) para facilitar o controle.
3. **Use Dados Históricos:** Analise desempenhos passados para criar projeções mais precisas.
4. **Revise Regularmente**: Acompanhe o orçamento mensalmente e ajuste conforme necessário.
5. **Utilize Ferramentas**: Softwares de gestão financeira podem automatizar o processo e fornecer relatórios detalhados.

KPIs e orçamento são ferramentas complementares que ajudam pequenas empresas a monitorar seu desempenho e planejar o futuro. Enquanto os KPIs fornecem insights sobre o que está funcionando ou não, o orçamento garante que os recursos sejam alocados de forma estratégica. Juntos, eles formam a base para uma gestão financeira eficiente e sustentável, permitindo que a empresa cresça de forma consistente e supere desafios.

## Conclusão

A análise financeira é um componente indispensável para a gestão eficaz de pequenas empresas nos Estados Unidos.

Ao longo deste capítulo, exploramos ferramentas e conceitos fundamentais que permitem aos empreendedores avaliarem a saúde financeira de seus negócios e tomar decisões estratégicas informadas. Desde a compreensão dos principais demonstrativos financeiros, como o Balanço Patrimonial e o Fluxo de Caixa, até a aplicação de índices financeiros e a análise de Custo-Volume-Lucro, cada tópico abordado oferece insights valiosos para garantir a sustentabilidade e o crescimento do negócio.

A gestão do capital de giro, o controle de contas a pagar e a receber, e a otimização do estoque são práticas essenciais para manter a liquidez e a operacionalidade da empresa. Além disso, a utilização de KPIs e a elaboração de um orçamento empresarial robusto permitem monitorar o desempenho e planejar o futuro com maior precisão, evitando surpresas financeiras e alinhando os recursos aos objetivos estratégicos.

Em um mercado competitivo e dinâmico, dominar essas ferramentas não é apenas uma vantagem, mas uma necessidade. A análise financeira não deve ser vista como uma tarefa burocrática, mas como uma aliada estratégica que orienta o caminho para o sucesso. Ao aplicar os conhecimentos adquiridos neste capítulo, você estará melhor preparado para enfrentar desafios, aproveitar oportunidades e construir uma empresa financeiramente saudável e pronta para crescer.

Em resumo, a gestão financeira eficiente é o alicerce que sustenta todas as outras áreas do negócio. Com planejamento, monitoramento e ajustes contínuos, sua empresa estará no caminho certo para alcançar seus objetivos e prosperar no mercado.

# 11

# DESAFIOS, ERROS E O CAMINHO AO SUCESSO

Chegar até aqui já é uma conquista. Se você acompanhou os capítulos anteriores, já passou por um caminho de aprendizado sobre como abrir, administrar e crescer uma pequena empresa nos Estados Unidos. Falamos sobre planejamento, estrutura legal, finanças, marketing, operação do dia a dia e muitos outros temas essenciais. Agora, neste último capítulo, vamos falar sobre algo que todo empreendedor – incluindo você – precisa enfrentar: os desafios, os erros e o caminho para o sucesso a longo prazo.

Empreender nos EUA é uma experiência cheia de oportunidades, mas também de dificuldades. O mercado americano é competitivo, as regras são diferentes do que muitos brasileiros estão acostumados e, em muitos casos, os desafios são inesperados. Mas a boa notícia é que errar faz parte do processo. O importante não é evitar qualquer tipo de erro a todo custo, mas sim aprender com eles, se adaptar e continuar avançando.

Muitos empreendedores de sucesso já passaram por falhas e dificuldades antes de acertarem a fórmula ideal para os seus negócios. O que diferencia aqueles que conseguem crescer e prosperar daqueles que acabam fechando as portas é a capacidade de aprender com os erros e mudar a rota quando necessário. O fracasso, na verdade, pode ser um grande professor, desde que você esteja disposto a enxergar as lições que ele traz.

Este capítulo tem um objetivo claro: oferecer a você uma visão realista dos desafios que poderá encontrar, compartilhar erros comuns que muitos empresários cometem e apresentar estratégias para evitar ou superar essas dificuldades. Além disso, vamos trazer histórias de empresas que não deram certo e o que podemos aprender com elas, bem como exemplos de perseverança e superação.

Por fim, falaremos sobre um dos momentos mais críticos para qualquer empresa: saber quando é hora de mudar de direção e quando é o momento de expandir. Muitos negócios fecham não porque o produto ou serviço não era bom, mas porque insistiram no caminho errado por tempo demais ou tentaram crescer antes da hora.

O empreendedorismo é uma jornada de aprendizado constante. Neste capítulo final, queremos lhe deixar mais preparado para enfrentar os desafios que podem surgir e seguir firme no caminho do sucesso.

## Como Lidar com Falhas e Aprender com Erros

Se tem uma coisa que diferencia a cultura empreendedora americana de muitas outras é a forma como o fracasso é encarado. Nos Estados Unidos, errar não significa o fim da linha. Pelo contrário: muitos empresários bem-sucedidos falharam antes de encontrar o caminho certo. O importante não é evitar erros a qualquer custo, mas aprender com eles e usá-los como degraus para o sucesso.

### Erros Inevitáveis vs. Evitáveis

Nem todos os erros são iguais. Alguns fazem parte do processo natural de aprendizado e podem até trazer insights valiosos. Esses são os erros inevitáveis, que ocorrem quando testamos algo novo ou enfrentamos fatores externos inesperados. Outros, no entanto, são descuidos gerenciais e podem ser evitados com um planejamento mais cuidadoso.

Por exemplo:

- **Erros inevitáveis**: testar um novo modelo de precificação e perceber que ele não funciona tão bem quanto o esperado.
- **Erros evitáveis**: não acompanhar o fluxo de caixa e acabar sem capital de giro para pagar fornecedores.

A chave é diferenciar os dois tipos e minimizar os erros que poderiam ser prevenidos.

## Aprendendo com as Falhas: Método de Análise Pós-Falha

Quando um erro acontece, a pior coisa que um empresário pode fazer é ignorá-lo ou simplesmente seguir em frente sem analisá-lo. Um método eficaz para aprender com os erros é a Análise SWOT Retrospectiva. Normalmente utilizada para planejamento estratégico, a SWOT também pode ser aplicada para entender falhas e evitar que se repitam.

### Passos para a análise:

1. **Forças**: O que a empresa fez bem, mesmo diante da falha?
2. **Fraquezas**: Quais foram os fatores internos que levaram ao erro?
3. **Oportunidades:** O que pode ser aprendido com essa falha?

4. **Ameaças**: Quais fatores externos podem levar a erros semelhantes no futuro?

Esse tipo de análise permite que o empresário extraia aprendizado de cada dificuldade e fortaleça o negócio para desafios futuros.

## Superando um Grande Erro: Um Caso Real

Considere a história de Roberto, um empresário brasileiro que abriu uma cafeteria nos Estados Unidos. No entusiasmo inicial, ele investiu muito na decoração e na localização, mas negligenciou a pesquisa de mercado e o planejamento financeiro. Seis meses depois, enfrentava um fluxo de clientes abaixo do esperado e dificuldades para cobrir os custos fixos.

Ao invés de desistir, Roberto decidiu aprender com seu erro. Ele revisou seu modelo de negócios, conversou com clientes para entender suas preferências e ajustou o cardápio e os preços. Além disso, renegociou o aluguel com o proprietário e investiu em marketing digital para atrair mais clientes locais. Em um ano, sua cafeteria se reergueu e hoje é um negócio lucrativo.

Essa história mostra que errar faz parte do processo, mas aprender com os erros e se adaptar é o que define o sucesso de um empreendedor. Se você souber extrair lições valiosas de cada desafio, suas chances de crescimento e consolidação no mercado serão muito maiores.

## Empresas que fracassaram nos EUA

O fracasso de empresas brasileiras nos Estados Unidos é um tema que merece atenção, especialmente quando se analisam os erros mais comuns cometidos por empreendedores que tentam transpor seus modelos de negócios para um mercado tão competitivo e culturalmente distinto como o americano. Um dos principais motivos para o insucesso é a falta de adaptação ao mercado local, tanto em termos de produtos e serviços oferecidos quanto em relação à cultura empresarial e às expectativas dos consumidores.

Um exemplo emblemático é o caso de um empreendedor brasileiro que decidiu abrir um restaurante nos EUA sem considerar as diferenças culturais e alimentares entre os dois países. O restaurante, que oferecia pratos típicos brasileiros, não conseguiu atrair o público americano, acostumado a hábitos alimentares distintos. A falta de um estudo de mercado adequado e a tentativa de impor uma cultura gastronômica sem adaptações levaram ao fechamento do estabelecimento em menos de dois anos. Esse caso ilustra a importância de entender as preferências locais e adaptar o modelo de negócio ao público-alvo.

Outro erro comum é a subestimação da competição no mercado americano. Muitos empreendedores brasileiros chegam aos EUA com a expectativa de que suas experiências e sucessos no Brasil serão facilmente replicados, mas se deparam com um ambiente extremamente competitivo, onde grandes empresas já dominam o mercado. A falta de humildade para reconhecer que é necessário aprender e se adaptar às regras do jogo local é um dos principais fatores que levam ao fracasso. A arrogância empresarial, ou a crença de que o que funcionou no Brasil automaticamente funcionará nos EUA, é um erro fatal.

Além disso, a gestão financeira inadequada é outro ponto

crítico. Muitos empreendedores subestimam os custos de operação nos EUA e não consideram a volatilidade cambial, o que pode levar a dificuldades financeiras significativas. Um exemplo disso é o caso de um empresário que dependia da renda gerada no Brasil para cobrir despesas nos EUA. Com a valorização do dólar, ele enfrentou sérios problemas para manter o negócio em funcionamento, culminando no fechamento prematuro da empresa.

A falta de planejamento estratégico também é um fator recorrente. Muitos empreendedores iniciam seus negócios sem um plano de negócios bem estruturado, sem entender o público-alvo e sem considerar as particularidades do mercado americano. Isso resulta em decisões equivocadas, como a escolha de localizações inadequadas para lojas ou a falta de investimento em marketing direcionado ao público local.

Por fim, a dificuldade em lidar com a cultura empresarial americana, que valoriza a pontualidade, a objetividade e a eficiência, é outro desafio. Reuniões nos EUA são diretas e focadas em resultados, diferentemente do Brasil, onde é comum que haja um maior espaço para conversas informais. A falta de adaptação a essa dinâmica pode gerar mal-entendidos e prejudicar as relações comerciais.

Em resumo, o fracasso de empresas brasileiras nos EUA está frequentemente associado à falta de adaptação ao mercado local, à subestimação da competição, à gestão financeira inadequada e à falta de planejamento estratégico. Para evitar esses erros, é essencial que os empreendedores realizem um estudo de mercado detalhado, busquem orientação com profissionais experientes e estejam dispostos a adaptar seus modelos de negócios às particularidades do mercado americano. A humildade e a disposição para aprender são fundamentais para superar os desafios e alcançar o sucesso em um dos mercados mais competitivos do mundo.

## Inspiração e Histórias de Perseverança

A jornada de empreendedores brasileiros nos Estados Unidos é marcada por desafios, mas também por histórias inspiradoras de superação e resiliência. Um exemplo notável é o de um empresário que, após o fracasso de seu primeiro restaurante, decidiu se reinventar e abrir um negócio de logística durante a pandemia de 2020. Ele identificou uma lacuna no mercado: facilitar o comércio entre vendedores da Amazon nos EUA e consumidores no Brasil. Com determinação e adaptação, ele transformou essa ideia em uma empresa de sucesso, a CB Hub, que hoje conecta mercados internacionais e resolve gargalos logísticos complexos. Sua história é um testemunho de como a perseverança e a capacidade de se adaptar podem levar ao sucesso, mesmo em tempos de crise.

Outro caso inspirador é o de uma empreendedora que, após enfrentar dificuldades financeiras e culturais ao abrir uma loja de roupas em Miami, decidiu reavaliar sua estratégia. Ela percebeu que os americanos valorizavam não apenas o design, mas também a sustentabilidade. Com isso, ela reformulou sua marca, focando em produtos *eco-friendly* e em práticas comerciais transparentes. Hoje, sua empresa é reconhecida não apenas pela qualidade, mas também por seu compromisso com o meio ambiente. Sua trajetória reforça a importância de ouvir o mercado e adaptar-se às suas demandas.

A resiliência é uma característica comum entre esses empreendedores. Como disse Steve Jobs, "às vezes, a vida vai te atingir com um tijolo na cabeça. Não perca a fé." Essa frase ressoa profundamente para aqueles que enfrentam reveses no mundo dos negócios. A capacidade de se levantar após um fracasso, aprender com os erros e seguir em frente é o que diferencia os empreendedores bem-sucedidos.

Outra lição valiosa vem de Thomas Edison: "Eu não falhei. Apenas encontrei 10,000 maneiras que não funcionam." Essa mentalidade é crucial para quem busca prosperar em um mercado tão competitivo como o americano. A adaptação ao mercado local, a humildade para reconhecer erros e a disposição para aprender são elementos essenciais para transformar desafios em oportunidades.

Essas histórias e citações servem como um lembrete de que o sucesso não é linear. Ele exige paciência, resiliência e uma vontade inabalável de se adaptar e crescer. Para os empreendedores brasileiros que sonham em conquistar o mercado americano, essas trajetórias são uma fonte de inspiração e um chamado para nunca desistir, não importa quantos obstáculos surjam no caminho.

## Saber Quando Pivotar ou Escalar o Negócio

O ato de saber quando pivotar ou escalar um negócio é uma das decisões mais críticas para empreendedores, especialmente em um mercado dinâmico como o dos Estados Unidos. Pivotar, ou seja, mudar a direção do negócio, pode ser necessário quando o modelo atual não está gerando os resultados esperados. Alguns sinais claros de que é hora de pivotar incluem: queda consistente nas vendas, feedback negativo dos clientes, dificuldade em atrair investimentos ou a sensação de que o produto ou serviço não está resolvendo um problema real do mercado. Um exemplo clássico é o caso de empresas que começaram com um produto específico, mas, ao perceberem que a demanda era maior em outro segmento, redirecionaram seus esforços. A chave é testar novas abordagens de forma gradual, sem comprometer a saúde financeira da empresa. Isso pode ser feito por meio de pesquisas de mercado, lançamentos de versões beta ou parcerias estratégicas para validar a nova direção.

Por outro lado, escalar o negócio é o passo natural quando há indicadores claros de sucesso, como crescimento consistente nas vendas, aumento da demanda e alta satisfação do cliente. No entanto, a expansão exige planejamento cuidadoso. Um dos principais erros ao escalar é expandir rapidamente sem a infraestrutura adequada. É essencial garantir que haja capital suficiente para cobrir os custos iniciais da expansão, uma equipe capacitada para lidar com o crescimento e uma estrutura operacional que suporte a nova escala. Além disso, é importante manter a qualidade do produto ou serviço durante a expansão, pois qualquer queda pode prejudicar a reputação da empresa. Escalar sem planejamento pode levar a problemas como falta de caixa, sobrecarga da equipe e perda de controle sobre as operações.

Em resumo, pivotar e escalar são movimentos estratégicos que exigem análise cuidadosa e decisões baseadas em dados. Pivotar é sobre adaptação e reinvenção, enquanto escalar é sobre crescimento e consolidação. Ambos exigem visão, planejamento e execução disciplinada para garantir que o negócio continue prosperando no competitivo mercado americano.

## Dicas Práticas para o Sucesso a Longo Prazo

O sucesso a longo prazo de uma pequena empresa nos Estados Unidos depende de uma combinação de mentalidade, estratégia e execução. A primeira dica é adotar uma mentalidade de aprendizado contínuo. O mercado americano é altamente dinâmico, com tendências e tecnologias em constante evolução. Empreendedores devem estar sempre atualizados, participando de eventos do setor, lendo publicações especializadas e buscando feedback de clientes e parceiros. A capacidade de evoluir e se adaptar é o que mantém uma empresa relevante.

Outro fator crucial é o networking e a construção de parcerias estratégicas. Nos EUA, quem você conhece pode ser tão importante quanto o que você sabe. Participar de eventos de negócios, associações comerciais e grupos de networking pode abrir portas para oportunidades valiosas. Parcerias com outras empresas também podem ajudar a expandir o alcance e a capacidade operacional, especialmente em fases iniciais.

A gestão financeira sólida é outro pilar do sucesso. Monitorar o fluxo de caixa, controlar custos e reinvestir com estratégia são práticas essenciais. Muitas empresas fracassam porque expandem rapidamente sem uma base financeira estável. Ter uma reserva de emergência e um plano de contingência pode fazer a diferença entre sobreviver a uma crise ou fechar as portas.

O atendimento ao consumidor americano também merece atenção especial. Os clientes nos EUA valorizam não apenas a qualidade do produto, mas também a experiência de compra. Focar na fidelização, oferecer um atendimento excepcional e estar aberto a feedbacks são práticas que podem transformar clientes em defensores da marca. Adaptar-se às expectativas culturais, como a valorização da eficiência e da transparência, é igualmente importante.

Por fim, persistência e paciência são virtudes indispensáveis. O sucesso raramente acontece da noite para o dia, especialmente em um mercado tão competitivo. Manter o foco, aprender com os erros e continuar avançando, mesmo diante de desafios, é o que separa os empreendedores que alcançam o sucesso daqueles que desistem no meio do caminho. Como diz o ditado, "a persistência é o caminho do êxito."

## Conclusão:

## O Caminho para o Sucesso no Mercado Americano

Meu amigo empreendedor, minha amiga empreendedora, se você chegou até aqui, já deu um passo enorme em direção ao sonho de empreender nos Estados Unidos. Este livro foi desenhado para ser um modesto guia ou mapa, um companheiro nessa jornada cheia de desafios, mas também repleta de oportunidades. E agora, ao fechar este capítulo final, quero deixar claro que o sucesso não é uma linha reta, mas sim uma estrada cheia de curvas, subidas e descidas. O importante é que você está equipado com as ferramentas certas para navegar por ela.

Você já sabe que o mercado americano é um dos

mais competitivos do mundo, mas também é um dos mais recompensadores. As vantagens são inúmeras: um ambiente de negócios estável, acesso a tecnologias de ponta, consumidores com alto poder aquisitivo e uma cultura que valoriza a inovação. No entanto, como vimos, não basta ter uma boa ideia. É preciso planejamento, estruturação jurídica, gestão financeira sólida, estratégias de marketing eficazes e, acima de tudo, resiliência.

Ao longo dos capítulos, exploramos desde a motivação para empreender nos EUA até os detalhes mais técnicos, como abertura de empresa, *compliance* fiscal, contratação de equipes e gestão operacional. Você aprendeu que pivotar ou escalar um negócio não é sinal de fracasso, mas sim de inteligência estratégica. E descobriu que o sucesso a longo prazo depende de uma mentalidade de aprendizado contínuo, networking, adaptação ao consumidor americano e, claro, persistência.

Mas, meu amigo ou amiga, quero que você guarde uma coisa: o maior erro que você pode cometer é achar que já sabe tudo. O mercado americano é dinâmico, e o que funciona hoje pode não funcionar amanhã. Por isso, esteja sempre aberto a aprender, a ouvir feedbacks e a se reinventar. Lembre-se das histórias de perseverança que compartilhamos: empreendedores que caíram, se levantaram e, com resiliência, construíram negócios de sucesso. Eles são a prova de que, com dedicação e estratégia, você também pode conquistar seu espaço.

Por fim, não subestime o poder de uma boa rede de apoio. Seja através de parcerias estratégicas, mentores ou até mesmo de outros empreendedores que estão na mesma jornada, construir relacionamentos sólidos pode fazer toda a diferença. E, claro, nunca negligencie a gestão financeira. Um fluxo de caixa bem organizado e um planejamento tributário eficiente são a base para qualquer negócio que queira crescer de forma sustentável.

Então, meu amigo empreendedor, respire fundo e dê o próximo passo. O caminho pode não ser fácil, mas com as ferramentas certas, a mentalidade adequada e uma boa dose de perseverança, você está mais do que preparado para transformar seu sonho em realidade. O mercado americano está cheio de oportunidades, e agora é a sua vez de aproveitá-las. Boa sorte, e lembre-se: o sucesso é uma jornada, não um destino. Vamos em frente!

# REFERÊNCIAS BIBLIOGRÁFICAS

BODIE, Z.; KANE, A.; MARCUS, A. *Essentials of investments*. McGraw-Hill Irwin, 2013.

BUFFETT, W. *Dicas do maior investidor do mundo*. Campus, 2007.

CAGAN, M. *Investing 101*. Adams Media, 2009.

CUNNINGHAM, L. A. *The essays of Warren Buffett*. Lawrence, 2015.

DOMINGOS, C. *Oportunidades disfarçadas*. Sextante, 2009.

DRORI, Dana. *How Eliza Blank Built a Cult Following for Plants*. Blog The Sill, set. 2022. Disponível em: https://www.thesill.com. Acesso em: 10 jul. 2025.

DRUCKER, Peter F. *Innovation and Entrepreneurship: Practice and Principles*. New York: HarperBusiness, 1985.

DRUCKER, Peter F. *Management: Tasks, Responsibilities, Practices*. New York: Harper & Row, 1973.

FIFER, B. *Double your profits*. Harper, 1994.

FLORIDA DEPARTMENT OF REVENUE. *Sales and Use Tax Information*. Disponível em: https://floridarevenue.com. Acesso em: 11 jul. 2025.

GITMAN, Lawrence J. *Princípios de Administração Financeira*. 14. ed. São Paulo: Pearson, 2014.

GLOSSIER: *Co-Creating a Cult Brand with a Digital Community*. Harvard Business School Case No. 549-05, Boston, HBS Publishing, 2017.

GOOGLE. *Google Trends*. Disponível em: https://trends.google.com. Acesso em: 21 jul. 2025.

HARDY, D. *The compound effect*. Da Capo Press, 2013.

HOLMES, Oliver Wendell. *Compañia General de Tabacos v. Collector of Internal Revenue*, 275 U.S. 87, 1927.

IBISWORLD. *Industry Market Research Reports*. Disponível em: https://www.ibisworld.com. Acesso em: 11 jul. 2025.

IMF – INTERNATIONAL MONETARY FUND. *World Economic Outlook Database*. Disponível em: https://www.imf.org. Acesso em: 31 jul. 2025.

INTERNAL REVENUE SERVICE. *Business Structures.* Disponível em: https://www.irs.gov/businesses/small-businesses-self-employed/business-structures. Acesso em: 21 jul. 2025.

____________________________________*Form 1065* – U.S. Return of Partnership Income. Acesso em: 21 jul. 2025.

____________________________________*Form 1120* – U.S. Corporation Income Tax Return. Acesso em: 21 jul. 2025.

____________________________________*Instructions for Form 2553 – Election by a Small Business Corporation*. Acesso em: 21 jul. 2025.

____________________________________*Tax Obligations for Small Businesses.* Acesso em: 21 jul. 2025.

INTUIT QUICKBOOKS. *QuickBooks Overview.* Disponível em: https://quickbooks.intuit.com. Acesso em: 17 jul. 2025.

JOHNSON, K. D. *The entrepreneur mind.* Jonhson Media, 2013.

KOEHN, Nancy F.; MCNAMARA, Kelly; KHAN, Nora N.; LEGRIS, Elizabeth. *Starbucks Coffee Company: Transformation and Renewal.* Harvard Business School Case No. 314-068, Boston, Harvard Business School Publishing, jun. 2014. Revisão mar. 2016

KOLLER, T.; GOEDHART, M.; WESSELS, D. *Valuation*. Mckinsey & Company, 2015.

KOTLER, Philip; ARMSTRONG, Gary. *Princípios de Marketing*. 17. ed. São Paulo: Pearson, 2018.

LOUREIRO, Abel Fiorot; *Money: Planejamento Financeiro para Imigrantes*. Boca Raton: VLM Press, 2020.

MAIDTHIS. *Official Website*. Disponível em: https://maidthis.com. Acesso em: 13 jul. 2025.

MARQUIS, Christopher; VÉLEZ VILLA, Laura. *Warby Parker: Vision of a "Good" Fashion* Brand. Harvard Business School Case No. 413-051, Boston, HBS Publishing, jul. 2012. Revisão jul. 2014.

OLDCORN, R.; PARKER, D. *The strategic investment decision*. Pitman Publishing, 1996.

*Patagonia Case Study: unique business model and impact strategy*. Causeartist (Causeartist), maio 2025. Disponível em: https://www.causeartist.com/case-study-patagonia/. Acesso em: 31 jul. 2025.

RAYMUNDO, Oscar. *This Entrepreneur Turned His Beard Into a Brand*. Inc. Magazine, 29 dez. 2014. Disponível em: https://www.inc.com. Acesso em: 31 jul. 2025.

ROBSON, Karen; WILSON, Matthew. *Transparency and Ethics at Everlane.* Harvard Business School Case No. W21026, Harvard Business School Publishing, 2020.

STATISTA. *Statistics and Market Data.* Disponível em: https://www.statista.com. Acesso em: 11 jul. 2025.

TOFFEL, Michael W.; PUCKER, Kenneth P.; KUZUCU, Eren. *Allbirds: Decarbonizing Fashion* (A). Harvard Business School Case No. 622-024, Boston, HBS Publishing, ago. 2021. Revisão out. 2024.

U.S. CENSUS BUREAU. *Business Dynamics Statistics.* Acesso em: 14 jul. 2025.

U.S. SMALL BUSINESS ADMINISTRATION (SBA). *Small Business Profile*, 2023. Acesso em: 11 jul. 2025.

VADEN, R. *Take the stairs.* Penguin Group, 2013.

WATHIEU, Luc R.; WINIG, Laura. *Burt's Bees: Leaving the Hive.* Harvard Business School Case No. 507-017, Boston, HBS Publishing, mar. 2007.

ABEL FIOROT LOUREIRO é um mentor com mais de 24 anos de experiência no mercado contábil dos EUA e Brasil. Ele já treinou mais de 8.000 alunos, e sua metodologia prática e direta vai te preparar para entrar no mercado rapidamente.

Ele é professor, empresário e investidor no mercado americano. Abel é um IRS Enrolled Agent, licenciado pela Receita Federal Americana para auxiliar e representar contribuintes nos EUA. Abel atua e ensina nas áreas de Finanças Corporativas, Investimentos, Estratégia Empresarial, Avaliação de Negócios, Contabilidade Americana, Tributação nos EUA e Controladoria. Ele se formou com louvor na Sacred Heart University / Jack Welch College of Business, onde obteve um Mestrado em Finanças e Gestão de Investimentos. Abel tem experiência como professor de instituições líderes no Brasil, como IBMEC e FGV. Ele também possui vasta experiência em consultoria financeira e de negócios, tendo realizado projetos para vários grupos empresariais no Brasil e nos Estados Unidos. Abel também é QuickBooks ProAdvisor certificado, Fathom Certified Advisor e Autor do livro "Money - Planejamento Financeiro para Imigrantes".

Made in United States
Orlando, FL
16 September 2026

87849998R00122